M. Patates douces et autres histoires

AF370609

Anonyme

Writat

Cette édition parue en 2024

ISBN : 9789359948508

Publié par
Writat
email : info@writat.com

Contenu

M. PATATES DOUCES.

Notre laitier a un nom très étrange, traduit en anglais par « Sweet Potatoes ». Ses voisins chinois l'appellent « le vieux père patates douces ».

Certaines personnes le considèrent comme un homme bon ; d'autres disent qu'il est très mauvais. Comment cela se produit-il, je ne le sais pas : ses affaires lui apportent une grande tentation.

Il est accusé d'avoir mis de l'eau dans le lait. Il dit lui-même qu'il ne le fait que lorsqu'il n'a pas assez de lait pour approvisionner tous ses clients ; alors il ne sait pas quoi *faire d'autre* . Lorsque nous l'avons engagé pour nous apporter du lait, nous l'avons emmené dans notre cour et lui avons montré que nous avions notre propre puits.

Les Chinois dans leur propre pays n'utilisent ni lait ni beurre. Ils ont une parfaite horreur du fromage, et dans cette partie de la Chine, peut-être, pas plus d'un homme sur cent ne goûtera au bœuf. On n'élève que quelques vaches et quelques bœufs, qui sont nécessaires pour labourer les champs et faire fonctionner les grossières machines des moulins à sucre.

Je suppose que « Père Patates Douces » n'avait jamais pensé à posséder une vache, jusqu'à ce que des navires étrangers commencent à affluer dans sa région du pays. Bien sûr, les navires transportaient des hommes et des femmes étrangers, et tous voulaient du bœuf à manger (parfois les Chinois, voulant parler d'eux avec mépris, les appelaient « étrangers mangeurs de bœuf »), et ils voulaient aussi du lait pour leur cuisine et pour leur alimentation. leurs enfants.

Alors M. Sweet Potatoes a acheté des vaches, dans l'espoir de gagner de l'argent dans le commerce du lait. Ils avaient tous de longues cordes attachées autour de leurs cornes ou enfilées dans leur nez, et il demanda à quelques petits enfants de tenir les cordes et de guider les vaches à la recherche de nourriture ; car il n'y a pas de champs d'herbe dans cette partie du pays, et tous les pâturages que possèdent les vaches sont les petits endroits verts sur les collines rocheuses et les parcelles herbeuses le long des ruisseaux ; et les enfants s'assoient et les regardent paître, car il n'y a pas de clôtures et, livrées à elles-mêmes, les vaches pourraient s'égarer dans les rizières ou s'éloigner dans des endroits où elles seraient volées.

Chose étrange, nous avons notre meilleur lait quand l'hiver a presque tué l'herbe, ou quand le temps est trop orageux pour que les vaches sortent ; car alors ils sont nourris avec les sommités des plants d'arachides, soit vertes, soit séchées comme du foin, et mises en vente en gros paquets. C'est une nourriture délicieuse pour les vaches, et quand elles en ont, nous avons en effet du bon lait, avec une crème épaisse et blanche dessus.

La vache à bosse indigène.

Parfois, ils coupent de l'herbe pour se nourrir, qui est apportée des endroits escarpés des collines où les vaches ne peuvent pas accéder. Des garçons très pauvres sortent avec des paniers et des couteaux pour ramasser cette herbe, et ne sont payés que trois ou quatre cents pour le travail d'une journée.

M. Sweet Potatoes a deux sortes de vaches. Certaines d'entre elles sont des vaches à bosse indigènes, de très petite taille, très douces ; parfois rouges et parfois brunes, avec des poils lisses et brillants jusqu'aux minuscules sabots, qui semblent beaucoup plus petits et plus propres que les pieds des vaches dans les climats plus froids où elles marchent dans la neige et se tiennent dans des granges glaciales.

Ces vaches ont de très petites cornes, parfois longues de trois ou quatre pouces, mais souvent de simples petits bourgeons blancs sortant de leur front sombre. À l'arrière de leurs épaules, ils ont une petite bosse de trois ou quatre pouces de hauteur. Et, presque toujours, les vaches de Sweet Potatoes ont avec elles un joli petit veau vif ; car les Chinois croient ou font semblant de croire que si on enlevait le veau, la vache mourrait, et qu'il faut, avant de la traire, lui donner d'abord quelques gorgées de lait, pauvre petit veau !

Les autres vaches sont très différentes de celles-là ; ce sont des buffles d'eau, des buffles qui ne ressemblent pas du tout aux bisons hirsutes, mais de grandes créatures maladroites qui, en été, aiment patauger dans les étangs et, à l'abri des mouches et des moustiques, se tenir debout avec seulement leurs cornes et leur visage tourné vers le haut en vue. le dessus de l' eau; ou, lorsqu'il n'y a pas d'étangs, se promener dans les tourbières et s'enfouir à moitié dans la boue. Ils sont aussi grands qu'un gros bœuf, avec un corps très rond monté sur des pattes très fines dotées de très grandes articulations des genoux et des chevilles. Ils ont la couleur d'une souris ou d'un cochon gris, et des poils grossiers poussent finement sur leur peau, tandis que, contrairement aux vaches à bosse, ils ont deux immenses cornes en forme de croissant partant de leur tête et mesurant souvent un mètre d'un côté à l'autre.

Old Father Sweet Potatoes vend dix bouteilles de pinte pleines pour un dollar en argent, c'est-à-dire dix cents la pinte, et en été, il nous apporte une demi-pinte le matin et une autre demi-pinte l'après-midi ; car il fait si chaud que le lait du matin ne restera doux que le soir, bien qu'au moment où il est apporté à la maison, il soit bouilli et ensuite mis dans l'endroit le plus frais que nous ayons, qui n'est pas une cave, car les caves ne peuvent pas être conservé doux et aéré dans les pays où il y a tant d'humidité et de nombreux insectes.

Lorsque, au cours de nos promenades, nous rencontrons ces vaches, elles manifestent souvent une peur, surtout des dames et des chevaux étrangers, phénomènes qu'elles ne connaissent pas. Les petites vaches à bosse caracolent nerveusement hors des sentiers ; mais les grands buffles restent immobiles et nous regardent, puis lèvent le nez et reniflent l'air d'une manière offensée qui à son tour nous fait peur.

LE BUFFLE D'EAU.

La nuit, ils sont tous ramenés de leurs errances, et les cordes par lesquelles ils sont conduits sont attachées à des pieux enfoncés dans le sol ; l'hiver sous un cabanon, mais l'été en plein air. Cela fait mal au cou de les voir ; car la corde est souvent attachée si courte qu'ils ne peuvent pas tenir la tête droite ni la remuer très librement, mais ils ne semblent pas souffrir.

À côté de son activité, le laitier apprécie sa fille qui, lorsque je l'ai vue pour la première fois, était une enfant rondelette, aux joues roses, qui s'occupait des vaches de son père. Si vous avez déjà vu une poupée avec une tête en plâtre qui avait été cassée puis réparée en collant une bande de soie noire sur la fissure, vous saurez à quoi ressemblait la fille de M. Sweet Potatoes.

Elle portait un morceau de crêpe noir étroitement serré autour de sa tête pour que personne ne puisse voir ses cheveux. Certaines personnes ont dit qu'à cause de sa maladie, elle n'avait pas de cheveux. Si c'est le cas, il a dû grandir par la suite ; car, lorsqu'elle fut plus âgée et qu'elle fut partie s'occuper des vaches, elle se le fit attacher sur la tête avec des épingles, d'une manière étrange qui montrait qu'elle allait se marier.

Sweet Potatoes n'avait pas de fils et il souhaitait que son gendre vienne vivre avec lui comme s'il lui appartenait. Parmi les Chinois, cela n'est pas considéré comme si honorable ou si distingué que de laisser la fille quitter sa maison et aller vivre avec la famille de son mari. Il semblait étrange que le gendre consentît ; car bien qu'il fût très pauvre, il était aussi très fier et était très attentif au respect qu'on lui témoignait et au genre de travail qu'il était prêt à faire. Je n'aurais jamais dû deviner la raison stupide pour laquelle il était si fier, mais quelqu'un m'a dit que c'était parce que son père, aujourd'hui décédé, avait autrefois occupé un petit poste à la Douane !

FEMMES SHETLANDS

Non loin de la ville de Lerwick, sur les îles Shetland, se trouve une grande étendue de terre noire et boueuse appelée tourbière. Tout est désolation totale. Il n'y a même pas de cabanes en vue. La ville est cachée par une colline arrondie ; et quand, à travers quelque ouverture entre les bouleversements nus, on aperçoit la mer du Nord, elle semble, elle aussi, abandonnée par l'humanité.

La tourbe, ou mélange de racines et de terre noire particulière, est extraite ici en grande quantité ; et tout autour de l'endroit il y en a de grands tas, séchés et prêts à être brûlés dans les foyers des habitants de Lerwick. La tourbe remplace le bois ; et dans chaque hutte de pauvre des Shetland, on le trouvera brûlant vivement et dégageant une fine fumée bleue.

Pour préparer la tourbe pour le marché, beaucoup de travail est effectué. Viennent d'abord les creuseurs : hommes, femmes et enfants. En pénétrant dans les tourbières profondes et bourbeuses, ils coupent le sol en galettes d'environ un pied de long et quelques pouces d'épaisseur, et les placent en tas élevés pour les faire sécher. Après quelques semaines, ils reviennent et emportent le combustible séché en ville.

C'est en portant ces chargements que les Shetlanders offrent un spectacle singulier. Les hommes sont souvent très vieux, infirmes et mal vêtus ; et les femmes sont vêtues de robes à jupe courte, filées à la maison, au-dessous desquelles on voit des pieds très rouges et très larges. Sur la tête, ils portent généralement des bonnets blancs, joliment repassés, avec un volant cannelé sur le pourtour. Passant sur la poitrine et sur chaque épaule, deux solides sangles soutiennent un immense panier suspendu contre le dos.

Ainsi équipées, les femmes courageuses et robustes, leurs paniers remplis de tourbe, se rendent à Lerwick, à trois kilomètres de là, pour vendre leurs chargements pour quelques sous chacun. Ils font de nombreux voyages par jour, toujours souriants, bavardant et apparemment satisfaits. On peut souvent voir une longue file avançant prudemment sur les routes accidentées, s'arrêtant de temps en temps pour se reposer.

FEMMES SHETLAND.

Les maisons de ces pauvres femmes des tourbières ne sont, pour la plupart, que de simples masures. Lorsqu'ils souhaitent construire une maison, ils se rendent dans des champs, généralement éloignés des autres huttes, et y creusent une tranchée sur un terrain carré. Là-dessus, ils construisent des murs d'une hauteur d'environ huit pieds et remplissent les crevasses de boue et de tourbière. Pour construire leur toit, ils rassemblent des déchets de bois de mer et, avec cela comme support, déposent couche après couche de paille, de boue et de pierres.

Mais quelles maisons ils nous semblent ! Il n'y a pas de cheminée, seulement un trou dans le sol, avec un trou dans le toit pour que la fumée s'échappe ! Pas de fenêtres, la porte servant à la fois de lumière et d'entrée ! Pas de lits, seulement des tas de paille ! Parfois, dans une petite pièce, souvent la seule que contient la maison, on voit l'homme, la femme, les enfants, le chien et les poules, occupants égaux, partageant le même confort grossier. A l'extérieur de la maison, si le propriétaire est moyennement aisé, on peut voir un troupeau de moutons ou de poneys et un coin de jardin entouré d'un mur.

CÔTE DES SHETLAND

Mais il y a quelque chose qu'une femme des tourbières des Shetland fait continuellement et que nous n'avons pas encore remarqué. Tous ont sans doute entendu parler des bonneterie Shetland ; des châles et capuches fins et chauds et des voiles délicats qui viennent de ces îles du grand nord. Désormais, pendant que la pauvre femme aux jambes nues porte son lourd fardeau de tourbe, ses mains ne restent jamais inactives. Elle tricote, tricote aussi vite que ses doigts agiles le lui permettent. Dans sa poche se trouve la pelote de fil, et tandis que ses aiguilles volent d'avant en arrière, elle tisse des tissus d'une telle finesse que les dames royales d'Angleterre les portent ; et aucun voyageur ne visite l'île sans charger sa malle de châles, de mitaines, de bas et d'autres fantaisies féminines.

Ne pas savoir tricoter aux Shetland, c'est comme ne pas savoir lire à la maison. Une petite fille apprend l'art avant de savoir lire ; et, par conséquent, dans chaque chaumière on trouvera le rouet et les aiguilles, tandis que les mains féminines ne restent jamais oisives. C'est un excellent moyen de soutien ; et sur Regent Street à Londres, on verra des vitrines pleines de produits blancs et doux marqués « Shetland Hosiery ».

On ne sait pas avec certitude qui a été le premier à instruire ces peuples du Nord dans cet art délicat. Sur Fair Isle, l'un des Shetland, cet art aurait été découvert pour la première fois il y a de très nombreuses années. Aujourd'hui encore, sur cette île isolée, chaque femme, fille et enfant tricote tout en s'acquittant de ses diverses tâches.

Le fil avec lequel les produits Shetland sont fabriqués est filé à partir de la laine des moutons que nous voyons errer dans les champs. Dans presque toutes les chaumières, on peut voir la véritable roue à l'ancienne mode ; et la jeune fille occupée à la pédale fait voler la grande roue et file les longs écheveaux qui servent à faire de bébé une jolie capuche ou à grand-mère un châle chaud.

MARDI GRAS À NICE.

Êtes-vous déjà arrivé à Nice au Carnaval ?

Par une belle matinée de juin, que mon calendrier appelait le 12 février, Rull et moi traversâmes les vieux vergers d'oliviers jusqu'à la gare et nous nous installâmes pour Nice.

Bien avant que nous atteignions Nice, les mains de Rull picotaient ; car il y avait une belle ligne de neige, à des kilomètres de là, sur le versant *nord* des Alpes, et le pauvre garçon n'avait pas été aussi près d'une boule de neige que celle-là pendant l'hiver. Mais je n'avais qu'à dire « *confettis !* » et ses yeux dansaient à la vision de la grêle bigarrée à venir.

Hâtez-vous maintenant avec nous sur la *promenade du Cours* , par laquelle doit passer le cortège.

Mais d'abord je vous achèterai à chacun un petit masque de gaze bleue ; car vous ne pouvez même pas regarder le Carnaval sans masque. Et si l'un d'entre vous peut porter des plumeaux en lin avec capuche, tant mieux. Ne laissez pas un centimètre carré de peau sans protection, je vous préviens.

"PROMENADE DU COURS", AU TEMPS DU CARNAVAL.

Outre les petits masques, vous pourrez acheter chacun de vous un boisseau entier de ces « dragées » et les faire envoyer sur notre balcon. Et pour chacun, une petite cuillère en fer blanc fixée sur un manche flexible, que vous devez remplir de *confettis* mais en aucun cas tirer, du moins pas encore.

Les foules se rassemblent. De jolies paysannes dans leurs tenues de vacances composées de jupons brillants, de corsages lacés et de bonnets blancs à volants ; dominos égarés; des dames richement habillées avec un masque à la main ; les voitures étaient si décorées de fleurs qu'elles étaient artistiquement cachées - même les roues recouvertes de batiste - bleues, roses, violettes, vertes ou chamois. Même le trottoir, sur notre passage, est bordé de chaises à un franc pièce.

"PROMENADE DU COURS" AU TEMPS DU CARNAVAL.

Le *Cours* est gai de banderoles suspendues, lumineux de balcons festonnés et de grimaces gaies. Les trottoirs et les rues sont remplis de monde ; mais les chevaux ont la priorité, et les gens sont condamnés à une amende s'ils sont écrasés.

Hâtons-nous à notre balcon, car ici passe une bande de musiciens, en écarlate et or, pour ouvrir le cortège.

Juste à temps, nous prenons nos places, et voilà ! devant nous roule une énorme voiture.

C'est « le théâtre » — un wagon découvert de marionnettes — mais les marionnettes sont *des hommes* ; le tout attaché à des cordes tenues dans la main du géant, qui est assis au-dessus d'eux dans un état imposant sur le toit de la voiture qui est au niveau des balcons du troisième étage.

"PROMENADE DU COURS", AU TEMPS DU CARNAVAL.

Le géant lève la main et les marionnettes tournoient et sautent. Mais hélas! sa tête est trop haute. Son chapeau est emporté par les festons suspendus, et le géant doit monter tête nue, sous peine d'insolation.

Ensuite, derrière la voiture se déplace en ordre militaire un régiment de sauterelles montées. Leurs corps lisses et brillants de satin vert, leurs ailes et antennes vaporeuses, leurs nez retroussés et leurs grands yeux, tous sont absolument parfaits à l'œil ; mais… ils sont de la taille d'hommes.

Vous baissez votre masque pour voir plus clair, vous vous émerveillez devant l'illusion parfaite, votre bouche est grande ouverte avec des « Ohs ! et "Ah!" quand *pop! populaire!* lance une pluie de *confettis* , et les petits grêlons semblent vous couper les oreilles et se précipiter en tamisant votre cou.

"PROMENADE DU COURS" AU TEMPS DU CARNAVAL.

Car, pendant que vous surveilliez les sauterelles, une voiture basse et découverte, cachée sous une couverture rose et blanche, s'est arrêtée sous nos fenêtres. Quatre joyeux mascarades, masqués et cagoulés dans des teintes assorties, ont un boisseau de *confettis* entre eux et sont remplis de bouquets. Nous nous faufilons derrière nos masques, nous tirons sur les poignées de nos cuillères *à confettis* , puis la bataille commence et devient féroce.

Mais ils sont bondés ; car derrière eux, avec une majesté irrésistible, se déplace le Soleil et la Lune. Viennent ensuite les Saisons : L'hiver représenté par une bande de Russes, couverts de fourrure de la tête aux pieds, traînant un traîneau sibérien. L'été se reconnaît à une voiture remplie de fleurs les plus raffinées, dont le parfum nous parvient au fur et à mesure de leur passage.

"PROMENADE DU COURS", AU TEMPS DU CARNAVAL.

Ici roule un énorme tonneau de vin qui remplit la moitié de la large rue ; là se déplace à l'œil une pomme de pin de six pieds de haut, parfaitement semblable aux pommes de pin de six pouces de longueur, dont nous nous servons quotidiennement pour allumer notre feu de bois d'olivier.

Puis un cortège de tulipes géantes : tige, calice, pétales, le tout au complet. Ils avancent également silencieusement.

Ensuite, un énorme pot, avec un chat grimpant sur le côté, sa patte juste enfoncée sous le couvercle. Ha! il s'envole soudainement. Le chat entre-t-il ? Nous ne pouvons pas voir à travers la foule. Une souche colossale suit, traînée de mousses et de vignes. Là-dessus se trouvait un nid d'oiseau rempli de petits, la gueule grande ouverte pour se nourrir ; merveilleux, parce que le talent artistique est si parfait que, bien que si immenses, ils semblent vivants et non contre nature.

"PROMENADE DU COURS", AU TEMPS DU CARNAVAL.

Puis une voiture d'ours arctiques qui piaffent çà et là dans la chaleur, les pauvres, comme ils peuvent ; car c'est un ciel sans nuages et un soleil italien. Regardez-les attentivement et dites-moi : ne sont-ils pas de vrais ours ?

Mais ah ! *fronde! fronde!* deux poignées de *confettis* vous piquent les yeux et font disparaître les ours. N'est-ce pas délicieusement insupportable ? Vous criez à la folie d'avoir oublié *les confettis* , puis décidez de tenter votre chance auprès du prochain pauvre repose-pieds.

"PROMENADE DU COURS" AU TEMPS DU CARNAVAL.

Ici passe un homme à deux visages. Ses bras sont soigneusement croisés devant, également derrière. Vous ne pouvez pas dire quel est le vrai front, jusqu'à ce que, tout à coup, un cheval trotte et touche presque le nez, tandis que l'homme continue son chemin sans être dérangé. Vous vouliez donner un coup de pouce à cet homme, mais vous avez oublié, il était tellement bizarre.

Ah ! voici une voiture de jolies filles. La photo descend du balcon au-dessus. Il pleut sur toi comme de la grêle. Il coule en ruisseaux dans votre dos. Vous tenez vos oreilles récupérées et ajoutez votre ton au rire ondulant et ondulant qui coule dans une marée argentée.

"PROMENADE DU COURS" AU TEMPS DU CARNAVAL.

Pas un cri bruyant, pas une exclamation d'impatience pendant toute la journée ; seulement partout le son d'une joie enfantine. Comme c'est bon de voir même de vieux visages insouciants illuminés de gaieté !

Voici une autruche avec un singe sur le dos, puis un homme avec tout un ensemble de vêtements soigneusement sortis des journaux.

Mais regarde! regarder! là se dresse une énorme voiture. Non, c'est un panier, un panier de légumes ! mais ses côtés sont aussi hauts que notre balcon. Dans ses coins se trouvent des carottes blanches avec leurs tiges vertes ondulées vers le haut. Sur les bords s'entassent diverses beautés du jardin.

Mais, merveilleux à voir, au centre se dresse un chou mammouth. Ses pétales à grandes nervures sont aussi parfaits que tous ceux que vous avez jamais vus dans votre jardin, mais leurs pointes dépassent le troisième balcon. Sur ces pétales veinés grimpent de magnifiques papillons, dont les ailes se ferment et s'ouvrent lentement pendant qu'ils sirotent. Au fur et à mesure que le mammouth passe, les pétales extérieurs s'affaissent lentement et des escargots s'accrochent à l'intérieur, tandis que des papillons aux couleurs gaies apparaissent.

Désormais les carrosses se mêlent gaiement au cortège. En voici une avec des jeunes garçons, le visage protégé par des masques de gaze, qui montrent ridiculement des lèvres rouges fermées à l'extérieur, et deux lignes rouges de lèvres et des dents blanches scintillantes à l'intérieur. La bataille des *confettis* devient brûlante. Des visages joyeux remplissent tous les balcons et fenêtres. Beaucoup de beautés laissent tomber un instant leur masque, comme nous, pour regarder avec plus d'attention le merveilleux cortège, mais à leurs risques et périls. Sur le *coup instantané ! tiret!* volent les *confettis* , lancés avec suffisamment de force depuis les petites pelles pour piquer brusquement.

La guerre est la plus féroce là-bas où il y a une si belle famille (des Américains, nous en sommes sûrs), un père, une mère et une fille.

Voici une voiture décorée de drapeaux des États-Unis ; tous ses occupants vêtus et cagoulés de lin gris, la voiture couverte également. Ils s'arrêtent sous le balcon et *se lancent ! fronde! fronde!* dans les combats les plus fous jusqu'à ce qu'ils soient bondés.

Le cortège monte et descend. D'un côté le large *Cours* et de l'autre en bas ; l'espace intérieur se remplissait de la joyeuse foule déferlante, sous les pieds des chevaux semble-t-il. Mais peu importe. Les chevaux, les hommes, les femmes et les enfants mènent aujourd'hui une vie enchantée.

De temps en temps, un policier se jette sur les garçons, qui ramassent des tas de *confettis* sur la terre pour les revendre ; mais c'est la seule suggestion de loi et d'ordre derrière la confusion gay.

Ici roule un carrosse garni de rouge et de blanc. À l'intérieur se trouvent une paire de dominos écarlates qui vous regardent mystérieusement.

Mais regardez à nouveau ce qui se passe. Une voiture plus longue que toutes celles vues jusqu'à présent.

C'est une grotte. Dans ses recoins frais se prélassent d'immenses lézards. Certains grimpent lentement sur ses flancs, puis, à la recherche de proies, sortent leur longue langue. Avec leur pelage brillant, leur couleur, leur mouvement, vous avoueriez qu'ils sont vraiment des lézards. Mais comme c'est énorme !

Derrière les lézards passent encore les sauterelles montées, nos préférées de toutes, pour leur forme merveilleusement parfaite et leur beauté délicate. Et voilà ! ils portent, pour notre plus grand plaisir, une bannière de soie, gage du prix.

Car, mes amis, lisez-vous entre les lignes et comprenez-vous que cette merveilleuse procession était le résultat d'un talent véritablement artistique ? celui d'imiter parfaitement à l'œil, de représenter exactement en mouvement tous ces êtres vivants, et pourtant de cacher dans un garçon ou un garçon.

l'homme qui les déplaçait de manière invisible, exigeait toute la délicatesse de perception et la finesse de travail des yeux et des doigts français ? Pensez-vous que vos petits doigts et vos yeux brillants atteindront un jour autant de choses.

En outre, tout cela représentait aussi une grosse dépense de plusieurs milliers de francs. Car Nice s'excitait à exceller dans le Carnaval et offrait de gros prix, un de cinq mille francs, un autre de quatre, un autre de trois, pour les représentations les plus parfaites.

Nulle part en Italie il n'y avait quelque chose de comparable à Nice. Et je doute que vous revoyiez au Carnaval ce qui ravirait si parfaitement vos jeunes yeux ou qui vivifierait si vivement votre perception de l'habileté artistique.

Nous regardons nos montres. Encore deux heures ; mais nous avons envie de goûter au plaisir à pied. Alors nous jetons nos derniers *confettis* , remplissons nos cheveux, nos boutonnières et nos mains de nos doux bouquets de géraniums, d'alyssums sucrés, de réséda et de pensées - souvenirs du combat - puis descendons sur le trottoir pour nous frayer un chemin le long de la cour bondée.

De plus en plus à voir ! et enfin Carnaval se balançait en effigie jusqu'à sa mort par noyade ou par incendie.

Mais il faut arriver tôt à la gare. Très tôt, en effet ! Poivré et écorché jusqu'au bout, tordu et abattu ; mais toujours et toujours avec *seulement des confettis* inoffensifs et des bouquets doux.

Sûrs que nous sommes les premiers à partir, sûrs qu'il n'y en a pas d'autres avant nous, nous passons dans la salle des bagages extérieure. Cinquante autres sont là, pressés contre la porte fermée.

La foule grossit ; des centaines sont derrière nous ; nous pouvons à peine garder nos pieds. Et pourtant, quelle foule bon enfant ! L'heure de départ du train passe. Peu à peu, la porte fermée s'ouvre ; un bras doré est passé à travers et *une* personne en est sortie, et la porte solennelle s'est refermée.

Alors, un à un, nous nous infiltrons, passons le tourniquet du couloir sous la surveillance d'un officier au regard perçant et sommes admis dans le salon, également fermé à clé.

Nous nous affalons sur un siège le plus proche *de l'* une des deux portes dont l'instinct nous dit qu'elle doit être ouverte. Nous attendons encore une heure jusqu'à ce que la dernière victime haletante passe à travers le montant.

Le non! ce n'est pas notre porte qui s'ouvre et s'ouvre mais l'autre. Nous nous précipitons vers un compartiment ; mais non! tous semblent remplis, alors nous nous dirigeons vers un fonctionnaire et exposons notre cas.

Il nous conduit encore et encore, presque jusqu'au bout du train, sur des pierres et des poutres ; mais, enfin, nous place hors de cette foule dans un compartiment avec seulement trois personnes. Bientôt nous partons, seulement deux heures plus tard que l'heure annoncée.

Car en France, petits animaux, les trains attendent les gens. Les gens sont enfermés jusqu'à ce que tout soit prêt ; puis s'ensuit une ruée comme un grand jeu de « le chat, le chat dans le coin ! » et presque toujours il y a un pauvre chat qui ne peut pas entrer.

Devinez combien de boisseaux de *confettis* ont claqué sur le sol de notre chambre cette nuit-là !

À LA FERME EN HIVER.

La vie d'un garçon en hiver dans la ferme à l'ancienne de la Nouvelle-Angleterre me semble être l'une des meilleures formes de vie pour un garçon en bonne santé, à condition que ses goûts n'aient pas été gâtés par une lecture erronée ou par quelque aperçu trompeur de une ville au gaz. Elle regorge certainement des sports de sang et de musculation auxquels les physiologistes de la ville s'efforcent si anxieusement de substituer les patinoires et les gymnases.

Mais je plains plutôt un jeune homme qui obtient ses seules promenades en traîneau en payant un dollar de l'heure à l'écurie et qui doit patiner dans des limites limitées sur de la glace artificielle. Il n'a jamais goûté à des divertissements aussi primitifs que ceux que deux garçons que je connais ont eu l'hiver dernier. Le traîneau était à l'atelier du constructeur de wagons pour réparation lorsque les premières grosses neiges tombèrent, et ils attelèrent Dobbin à un vieux bateau et firent une promenade bruyante par monts et par vaux, avec des bosses et des secousses glorieuses.

Je plains aussi un type qui mange des pommes d'épicier, des noix de confiserie et des gâteaux à la crème de boulanger, qui ne connaît jamais le plaisir de descendre dans la cave jusqu'aux bacs à pommes pour remplir ses poches pour l'école, et qui n'a aucun droit sur un tas. de noyers cendrés sur le sol du grenier. Je suis désolé pour un garçon qui ne connaît rien de la liberté virile d'un pantalon rentré dans des bottes, de mains et de pieds enveloppés dans des mitaines et des chaussettes tricotées maison - je ne peux pas croire que son sang soit aussi rouge, ou qu'il puisse couler si profondément. et fort dans sa vie de trottoir, comme les jeunes gens qui coupent du bois et manient la pelle à neige, et se déplacent *en masse* avec des chasse-neige après une longue tempête - le son de la force future de la terre est dans le robuste Le timbre de leurs bottes enneigées à la porte alors qu'ils rentrent de leur travail acharné. Je ne parle pas des garçons de la campagne qui veulent devenir commis (de toute façon, ils ont l'embarras du plaisir), mais des garçons qui espèrent, s'ils attendent quelque chose en particulier, rester à la ferme et en être propriétaires un jour.

En ce matin glacial, les garçons à la porte de l'école ne discutent pas des programmes du *Globe* ou du *Musée* , mais de la façon dont la rivière a gelé la nuit dernière, transformant la longue surface tranquille en glace bleu-noir, aussi lisse qu'un miroir. . Et maintenant, quel patinage ! quels grands midis, quelles glorieuses soirées ! Pas de patinoire ni d'étang à grenouilles, où l'on doit aussitôt faire demi-tour, mais des kilomètres et des kilomètres de tronçons courbes le conduisent en avant entre les carex bruissants, jusqu'à ce qu'il voie les bonnets blancs du lac ouvert danser devant lui.

Bientôt la neige arrive et met fin au sport ; car balayer des kilomètres et des kilomètres de glace est hors de question. Après la neige, un dégel ; et puis la joyeuse boule de neige. Il n'y a pas assez de dégel pour enlever la neige ; juste assez pour le rendre juste assez bâclé et mou pour que le gel qui s'ensuit lui donne une croûte presque aussi dure et lisse que la glace récemment recouverte.

Alors quelle roue libre ! Pensez simplement à traîner votre traîneau par une nuit de clair de lune sur un kilomètre de marche facile jusqu'au pied de la montagne, d'où vous redescendez, tantôt vite, tantôt lentement, tantôt "comme une traînée" sur une pente abrupte, tantôt en courant sur un une clôture à rails uniformes enfouie dans les congères scintillantes, et enfin dressée devant la porte d'un voisin, ou à l'arrière de votre propre basse-cour !

C'est aussi très amusant de glisser sur les dérives avec des « slews » ou des « sauteurs ». Ceux-ci sont constitués tantôt d'un, tantôt de deux douves de tonneau, et ne manqueront pas de vous donner de nombreux rebondissements et sauts d'hiver.

Il y a aussi du plaisir à s'amuser *dans* les congères, à creuser des grottes ou des maisons sous la neige, où l'on peut allumer un feu sans le moindre danger. Ici, vous pouvez être des Esquimaux et toute votre tribu sortir de l'igloë et attaquer un terrible ours blanc, si l'un des membres du groupe consent à être un ours pendant un certain temps. Vous pouvez le rendre suffisamment blanc en le bombardant de neige, et il en supportera *suffisamment* avant d'être finalement tué.

LE TRAÎNEAU IMPROVISÉ.

Il est également amusant, et sans aucun intérêt, de s'éloigner des tâches agricoles habituelles. Pas grand chose, peut-être, à rapporter du bois, à nourrir les porcs, ou à faire tourner le moulin ; mais nourrir les moutons et les veaux, qui sont très probablement des animaux de compagnie, amène les garçons à la tonte du foin, où les odeurs d'été persistent dans l'herbe des troupeaux, et les pâquerettes et les trèfles sont presque aussi verts, blancs et jaunes. et pourpre comme lorsqu'ils tombèrent sous la faux.

Quelle place pour ce sol élastique pour une "lutte ou un saut d'été !" et puis, qui "oserait" grimper jusqu'à la grande poutre, dans le voisinage des nids d'hirondelles vides et des toiles d'araignées poussiéreuses, et faire le saut volant jusqu'à la tonte ? Ici aussi, on trouve des nids de poules, avec des œufs fêlés par le gel à transporter chez les rats, et des proies plus grosses, également à chasser lorsque le foin est si près d'être épuisé que la fourchette s'enfonce dans les planches lâches au fond du foin. foins.

Mais de toutes les choses que le garçon de fermier veut faire et veut faire, il n'y a rien de plus amusant que de briser un couple de veaux. Tout d'abord, le petit joug doit être attaché d'une manière ou d'une autre à la paire et une corde attachée à la tête de celui qui est le plus proche, c'est-à-dire le mollet du côté gauche, là où se dirige le conducteur. Puis viennent les braillements, les tiraillements et les poussées, et souvent trop de coups, jusqu'à ce que le petit bétail comprenne que "Gee" signifie tourner à droite, et "Haw" signifie tourner à gauche, et que "Whoa" signifie arrêter. et "Retour" signifie, parmi tous, ce qui est dit.

Chaque commandement est rugi et crié ; car l'idée semble prévaloir que les bœufs, petits et grands, sont sourds comme des vipères, et ne peuvent jamais être amenés à entendre qu'à haut de la voix. Par une journée d'hiver calme, vous pouvez entendre un char à bœufs adulte rugir contre ses bêtes patientes à trois kilomètres de distance ; et un briseur de mollets ne faisant pas la moitié de sa taille peut être entendu à plus de la moitié de sa distance. Puis, par un samedi glacial, quand les petits gars aux cornes noueuses ont appris leurs leçons, on les attele à un traîneau et on les fait tirer de légères charges, un peu de bois, ou quelques garçons, le conducteur tenant toujours le traîneau. corde, et agitant son fouet aussi grand qu'un tambour-major.

De temps en temps, les petits bœufs du futur prennent les choses en main et lancent une grève pour la liberté, renversant le traîneau, dispersant son chargement et entraînant leur conducteur tête baissée dans la neige.

Mais ils doivent enfin se soumettre ; et dans trois ou quatre ans, on ne penserait jamais, à en juger par leurs regards solennels et leur démarche sobre, qu'ils aient jamais pensé à des monstres aussi rebelles. C'étaient les veaux du garçon, mais les bœufs de son père.

Briser un poulain au licol est presque aussi efficace que briser des bœufs, sauf qu'il n'y a pas de promenade en traîneau à faire dans ce domaine.

SUR LA TONTE DE FOIN.

Jusqu'à récemment, le jeune homme a eu la liberté des champs, creusant dans les premières neiges pendant une partie de sa vie, et avec sa vie difficile, il est devenu aussi hirsute qu'un poney Shetland, avec autant de bavures coincées dans son short. l'avant comme il tiendra ; car s'il y a une bardane négligée dans toute la ferme, tous les chevaux en liberté la trouveront, et chacun recevra plus que sa part de bavures emmêlées et tordues dans son avant-toit et sa crinière.

Maintenant, il est ciré et conduit dans un hangar ou une écurie, et trompé ou forcé de mettre sa tête dans un long et solide licol de corde. Puis il est introduit dans la prairie claire et ouverte et sa première leçon commence. Les garçons saisirent tous la corde à bonne distance de l'élève étonné et tirèrent fermement sur lui. En ce moment, il préfère aller n'importe où que tout droit, et se retient de toutes ses forces, regardant, toutes jambes tendues en avant, le cou tendu à son maximum et la tête alignée avec lui, comme un petit âne têtu. qui a perdu quelque chose en oreilles, mais rien en obstination, et a gagné un peu en queue. Finalement, il cède un peu à la tension inconfortable, et fait quelques pas en avant à contrecœur, puis se cabre, plonge et se jette, et est entraîné en se débattant tête baissée dans la neige, jusqu'à ce qu'il se lasse de tant d'usage brutal et patauge sur ses pieds.

Puis il répète sa tactique de préparation, les garçons se préparant tout aussi vigoureusement contre lui, jusqu'à ce qu'il cède soudainement et qu'ils s'effondrent tous en tas.

Si les garçons se fatiguent avant que le poulain n'abandonne, il y a d'autres jours qui viennent, et tôt ou tard il se soumet ; et en partie pour compenser le fait qu'il ne suit pas sa propre voie, il a une stalle chaude dans la grange, et mange dans une mangeoire, tout comme un gros cheval, et est caressé et caressé, et devient de grands amis avec ses jeunes maîtres - à dernier à être « le cheval de mon père », au lieu de « notre poulain ».

Mais peu à peu le long hiver — ce jour de jeu de l'année pour le garçon de ferme — touche à sa fin, pour laisser la place au printemps — printemps qui lui impose un travail hors de toute proportion raisonnable avec la quantité de jeu, à C'est du moins ce que le garçon de ferme est susceptible de penser.

LA QUEUE D'UN CHINOIS.

Tout le monde sait qu'un Chinois porte ses cheveux en file d'attente, mais tout le monde ne sait pas pourquoi il le fait. La file d'attente d'un Chinois n'est pas une simple bizarrerie ou une simple variété ; c'est, pour lui, une chose très sérieuse ; en le perdant, il vendrait presque sa respectabilité, et l'histoire raconte plus d'une époque où cela a été une question de vie ou de mort.

Dans beaucoup de leurs coutumes, les Chinois suivent leurs ancêtres d'il y a plus de mille ans, mais les files d'attente peuvent être qualifiées de nouvelle mode, n'ayant été portées que depuis environ deux cent cinquante ans.

Dans des temps très anciens, les Chinois portaient leurs longs cheveux relevés d'une manière particulière sur le sommet de leur tête et s'appelaient eux-mêmes « la race aux cheveux noirs » ; mais vers le temps où les pèlerins débarquaient à Plymouth, en 1627, les Tartares, descendus de Mandchourie et, après de longues guerres, avaient conquis la Chine, qu'ils gouvernèrent depuis lors, firent une loi que tous les Chinois , pour montrer qu'ils avaient été vaincus, ils décrocheraient leurs chignons et porteraient leurs cheveux, comme les Tartares, en tresse pendante ; et ils menacèrent de tuer tous ceux qui ne le feraient pas.

Bien entendu, les Chinois en furent grandement affligés ; mais comme il valait mieux avoir une queue que n'avoir pas de tête, ils finirent par se soumettre, tirant le meilleur parti de ce qu'ils ne pouvaient empêcher.

Ce sont les habitants du sud de la Chine qui ont résisté le plus longtemps à la file d'attente et, dans un district, des hommes ont été embauchés pour le porter. Aujourd'hui encore, habitent parmi les collines quelques hommes appartenant à une tribu très ancienne et sauvage, dont la fierté est de n'avoir jamais porté les cheveux pendants ; tandis que les hommes d'Amoy, qui furent les derniers à céder aux Tartares, portent un turban pour cacher la tête rasée et la queue détestée ; mais certaines personnes pensent que la nation en général en est venue à aimer davantage le nouveau style que l'ancien ; d'autres pensent qu'ils retourneraient volontiers à l'ancienne méthode s'ils le pouvaient.

Il y a quelques années, une grande rébellion a éclaté en Chine. Une partie des Chinois se révoltèrent contre les Tartares, et tous les rebelles se coiffèrent à la vieille mode chinoise ; et parce qu'ils ne se rasaient pas la tête, on les appelait les « voleurs aux cheveux longs ». Quand l'un de leurs soldats rencontrait un homme faisant la queue, ils savaient qu'il était loyal au gouvernement tartare, et ils le tueraient, ou couperaient sa file, ou feraient de lui ce qu'ils voudraient ; et, d'autre part, la vie d'un « voleur aux cheveux longs » n'était pas un instant en sécurité s'il tombait entre les mains des troupes gouvernementales. Finalement, après que des millions de personnes furent tuées, les files d'attente l'emportèrent et les rebelles furent vaincus.

J'ai entendu dire que les voleurs voient parfois leurs files d'attente coupées pour être punis et, de temps en temps, je suppose, les cheveux d'une personne doivent tomber après une maladie, mais, dans ces cas-là, ils repoussent.

Il existe en Chine deux classes d'hommes qui ne font jamais la queue : les prêtres bouddhistes, qui se rasent la tête de partout et qu'on peut reconnaître par la couleur de leurs robes et de leurs chapeaux bizarres, et les Tauistes, qui, en guise de signe, ne font jamais la queue. de leur sacerdoce, portent leurs cheveux en une sorte de torsion sur l'arrière de leur tête. A ces quelques exceptions près, chaque Chinois a une file d'attente, depuis le jeune enfant dont les cheveux courts sont pincés, tantôt sur le sommet de la tête, tantôt sur les côtés, et tressés avec des fils de soie rouge en une petite queue serrée. quelques centimètres de long, si raide qu'il se dresse tout droit depuis la tête, jusqu'au vieil homme presque chauve, dont les cheveux gris épars sont attachés en une fine mèche à la nuque.

Les Chinois ont ordinairement une bonne quantité de cheveux, rêches, parfaitement droits et d'un noir de jais, sauf, dans quelques cas, où, à cause de la maladie, la couleur est noir rouille. Ils n'ont pratiquement pas de barbe, mais certains d'entre eux, même s'ils ne sont pas souvent grands-pères et ont plus de quarante ans, portent une moustache très admirée. Habitués aux cheveux noirs et aux visages lisses, ils regardent avec curiosité les barbes épaisses des hommes et les boucles jaunes des enfants de notre plus belle race, ou, comme ils nous appellent, « les étrangers aux cheveux roux ».

Les Chinois rasent toute la tête, à l'exception d'une tache ronde sur la couronne, à peu près aussi grande qu'une soucoupe de petit-déjeuner. Sur ce, ils laissent pousser les cheveux, et ils sont peignés en arrière et en bas, et attachés fermement avec une ficelle, au milieu du bas du patch. Il est ensuite divisé en trois brins et tressé. Si un homme est très pauvre, il a simplement une platine, de la longueur de ses cheveux, attachée au bout avec une ficelle de coton ; mais les Chinois sont très fiers de leurs cheveux et, s'ils en ont les moyens, ils aiment que la file d'attente soit bien faite. On y ajoute souvent des tresses de faux cheveux, pour lesquelles les cheveux qui tombent sont soigneusement conservés. Bien sûr, les cheveux sont plus fins à l'extrémité qu'au sommet, et pour maintenir la tresse de taille plus uniforme et pour augmenter sa longueur, de longues touffes de cordon de soie noire y sont progressivement tissées.

Les files d'attente varient en longueur, mais les hommes adultes les portent souvent pendues près de leurs chaussures, la partie supérieure de la tresse étant constituée de cheveux et la partie inférieure d'un cordon de soie noire, qui est noué dans un gland à l'extrémité. Dans le sud de la Chine, les files d'attente des enfants sont rendues lumineuses et joyeuses avec de la soie cramoisie.

Pour le deuil, un cordon blanc est utilisé et pour le demi-deuil, du bleu. De plus, les personnes en deuil ne se font pas raser la tête pendant un certain temps. À la mort de l'empereur, personne en Chine ne devrait être rasé pendant cent jours.

Généralement, les gens bien rangés et aisés se font raser la tête tous les quelques jours et, comme personne ne peut facilement se raser le sommet de la tête, tout le monde emploie un barbier. Bien sûr, il existe un grand nombre de barbiers et, avec les millions d'habitants que compte la Chine, ils ont une grande affaire.

Outre les magasins, de nombreux barbiers ont de petits stands mobiles contenant tous leurs outils, et on les voit souvent exercer leur art au bord de la route ou chez leurs clients. Le barbier a une bassine d'eau chaude, une serviette et un rasoir d'une espèce peu pratique ; et quand il a rasé, lavé la tête et tressé les cheveux d'un homme, il finit par lui tapoter des deux mains le dos et les épaules, d'une manière qui lui est vraiment délicieuse. Pour tout cela, sa charge ne dépasse pas six cents, et un pauvre paierait encore moins.

Pour rendre sa file d'attente plus épaisse, un Chinois souhaite parfois laisser pousser plus de cheveux, et le barbier laissera sa tête mal rasée sur peut-être un quart de pouce tout autour de l'ancien cercle de cheveux. Lorsque les nouveaux cheveux mesurent un ou deux pouces de long et sont très raides, ils se dressent en frange, comme une sorte de halo noir, tout autour de la tête, d'un air très comique et qui dérange beaucoup le Chinois, jusqu'à ce qu'ils soient assez longs. à mettre dans la tresse.

Lorsqu'un homme est au travail, il trouve sa file d'attente très gênante, et il l'attache autour de sa tête, ou l'enroule en boule derrière, où il l'attache parfois avec un petit peigne en bois ; mais, dans son propre pays, dans toutes les occasions de forme et de tenue, il le porte suspendu, et il ne serait pas poli de faire autrement.

Comme il lui faudrait beaucoup de temps pour le sécher, il n'aime pas le mouiller et, s'il pleut, il s'empresse de l'enrouler et de le couvrir.

Parfois, les mendiants, pour avoir l'air très misérables, ne coiffent pas leurs cheveux pendant longtemps, et ils deviennent si crépus et emmêlés qu'on ne pourrait presque rien y faire, sinon les couper en grande partie.

Lorsqu'un coupable est arrêté en Chine, l'officier s'empare de sa file d'attente et le conduit en prison, le traitant souvent avec beaucoup de cruauté.

Les petites filles, comme les petits garçons, ont la tête rasée vers l'âge d'un mois. Cela se fait devant une idole, avec beaucoup de parade. Les jeunes filles portent également leurs cheveux en queue, mais comme lorsqu'elles sont plus âgées, leur tête n'est pas rasée comme celle des garçons, une plus grande quantité de cheveux est ramenée dans la tresse, la rendant beaucoup plus lourde. Lorsqu'elles sont mariées, leurs cheveux sont coiffés à la manière des femmes du quartier où elles habitent, mais les femmes mariées ne portent jamais leurs cheveux tressés.

Celui qui a vécu longtemps en Chine n'aime pas voir une file d'attente mince et inégale, attachée avec une ficelle de coton ; il a un air négligé et misérable ; tandis qu'une tresse épaisse et brillante, avec un gros bouquet de soie au bout, semble soignée et prospère ; et une belle chevelure argentée annonce une vieillesse confortable.

PORTEURS D'EAU MEXICAINS

Un porteur d'eau mexicain est toujours un individu bizarrement habillé. Il ressemble à l'homme que l'on a rencontré « un matin brumeux et humide », qui était tout vêtu de cuir. Il porte une casquette, une veste et un pantalon en cuir, le dernier n'arrivant qu'aux genoux et maintenus de côté par des boutons argentés brillants, de manière à laisser apparaître les tiroirs en coton blanc en dessous. Sur le devant de sa veste et autour du bord de sa casquette se trouvent également des boutons brillants. Attaché à ses côtés se trouve un portefeuille en cuir contenant son argent. A ses pieds se trouvent des sandales en cuir. Au-dessus de sa tête se trouvent deux solides lanières de cuir retenant deux cruches de faïence, l'une posée sur son dos et l'autre suspendue devant.

TOUJOURS AU PETIT TROT INDIEN.

Il commence à travailler tôt le matin. Si vous vous rendez sur l'une des places publiques de la ville de Mexico, vous en verrez un grand nombre, tous assis autour du bassin de pierre et occupés à préparer le travail de la journée. Ils dépassent largement le bord et, puisant dans l'eau, remplissent leur grande cruche. Jetant cela sur leur dos, ils descendent une fois de plus et remplissent le plus petit, puis partent au trot et visitent les différentes maisons de la ville et vendent aux familles l'eau qu'elles veulent.

On dirait peut-être que c'est une lourde charge à porter par la tête et le cou, mais cela ne semble pas déranger celui qui le porte, car il est très fort et les cruches s'équilibrent simplement. On raconte qu'un Anglais fut un jour informé de cette balance et, pour voir si c'était le cas, il attendit qu'un transporteur vienne et, avec sa canne, cassa l'une des cruches. Hélas! L'homme descendit, avec ses cruches et tout ; son équilibre avait sûrement disparu.

L'eau doit être acheminée de cette manière, car personne n'arrive dans les maisons par des canalisations en plomb, comme chez nous. Tout cela vient des environs du vieux château de Chapultepec, à trois ou quatre milles de la ville.

Il coule sur de grands aqueducs en pierre, construits par Cortès, et lorsqu'il atteint la place publique, il tombe dans les bassins en pierre de la ville. Donc, voyez-vous, ces transporteurs ressemblent presque à nos laitiers, sauf qu'ils ne viennent pas avec un beau cheval et une belle calèche, et ne gagnent pas autant d'argent. Ils ne reçoivent que quelques centimes par jour. Comme ils travaillent dur aussi ! Occupés du matin au soir, toujours sérieux, presque jamais souriants, toujours au petit trot indien, ils vont de maison en maison, et puis, la journée de travail finie, quelle vie ils mènent !

Ils n'ont pas non plus de maison où aller ; ils vivent dans les rues, dorment dans le caniveau ou sur les marches de pierre de la cathédrale, et souvent, je le crains, sont tellement embués par le « pulque », la boisson nationale, qu'ils ne se soucient pas d'avoir ou non une maison et un bon lit.

Pensez quelle existence misérable, ne sachant pas lire, s'habillant comme ceux qui les ont précédés il y a trois cents ans, et ne faisant rien d'autre que transporter de l'eau dans la ville. Chaque jour, ils entreront dans la grande cathédrale et réciteront leurs prières. Ils posent leurs cruches à côté d'eux, joignent les mains, lèvent les yeux vers l'image de leur saint patron et marmonnent leurs demandes ou leurs remerciements, puis, jetant un dernier regard sur les chandeliers d'or et les riches ornements, s'éloignent en toute hâte, et continuent leurs travaux quotidiens durs et inintéressants.

UNE MAISON TRÈS QUEER.

Il y a peu d'endroits plus agréables en été que la grande place d'Et-Meidaun à Constantinople. Le grand monument gris et pointu au milieu, comme une sentinelle veillant sur l'ensemble de la place, les maisons blanches de chaque côté, le trottoir poli, les hauts murs blancs et les dômes arrondis, et les hautes tours élancées et les portes fraîches et ombragées des mosquées turques ensemble. avec le ciel bleu vif au-dessus et la mer bleu vif au loin, cela donne une très jolie photo.

Les différentes personnes qui passent devant nous sont également tout un spectacle en elles-mêmes. Or, c'est un soldat turc en robe bleue et bonnet rouge, un bel homme de grande taille, mais un peu maigre et pâle, comme s'il n'avait pas toujours à manger ; maintenant, c'était un grand Américain sombre, à l'air grave, avec un haut chapeau en forme d'entonnoir et une longue robe noire jusqu'aux pieds. Arrive un grand marin anglais à l'air joyeux, qui se roule les mains dans les poches et son chapeau sur le côté. Voilà un Russe avec un large visage plat et une épaisse barbe jaune. Ce grand et bel homme à la veste à lacets et au pantalon de velours noir, qui le soigne si farouchement, est un Circassien qui, il y a peu d'années, combattait contre les Russes dans les montagnes du Caucase. Et derrière lui se trouve un porteur d'eau arabe, les membres nus jusqu'aux genoux et un énorme sac de peau rempli d'eau sur le dos.

Mais le spectacle le plus étrange de tous reste à venir.

En m'arrêtant pour regarder autour de moi, j'aperçois soudain une paire de pantoufles turques jaunes, très usées, posées au pied d'un immense arbre qui se dresse seul au milieu de l'espace ouvert. Ils ne sont pas non plus jetés négligemment, comme si leur propriétaire les avait jetés, mais placés soigneusement côte à côte ; tout comme un vieux monsieur ordonné mettrait *ses* pantoufles près du feu avant de sortir. Et, plus étrange encore, bien qu'au moins une demi-douzaine de Turcs aux pieds nus (qui pourraient penser que même une vieille chaussure vaut la peine d'être ramassée) soient passés par là et les ont vus, aucun d'entre eux n'a osé les déranger de quelque manière que ce soit.

Mon compagnon grec remarque ma surprise et me fait un sourire complice, comme un homme qui vient de vous poser une énigme dont il est sûr que vous ne devinerez jamais.

"Aha, Effendi ! Ne penses-tu pas que ce devait être un type imprudent qui a laissé ses pantoufles là ? Tu vois quelque chose d'étrange à propos de cet arbre ?"

"Rien que ce morceau de planche dessus qui, je suppose, recouvre un creux."

"C'est ça!" rigole le Grec. « Cela recouvre un *creux* , bien sûr… regarde ici, Effendi ! »

Il frappe trois fois sur le « morceau de planche », qui s'ouvre brusquement comme une porte, révélant à mes yeux étonnés, dans le creux sombre, la longue robe bleue, le turban blanc et la barbe flottante d'un vieux Turc.

"Que la paix soit avec toi!" dit le vieux monsieur d'une voix grave et rauque en faisant un signe de tête à mon compagnon, qu'il semble connaître.

"Avec toi soit la paix", répond le Grec. "Tu ne t'attendais pas à ça, n'est-ce pas, Effendi ? Ce n'est pas tous les jours qu'on trouve un homme vivant à l'intérieur d'un arbre ?"

« *Est-ce* qu'il habite ici, alors ?

"Bien sûr, c'est le cas. N'as-tu pas vu ses pantoufles à la porte ? Personne ne toucherait à ses pantoufles pour de l'argent. Ils connaissent tous le vieux Selim. Après tout, il a une maison confortable et ne paie pas *de loyer* non plus ! "

En vérité, le petit endroit est assez confortable et offre certainement une bonne affaire pour sa taille. D'un côté se trouve une cruche d'eau en terre, de l'autre une immense cape en forme de couverture, qui représente probablement tout le stock de literie de M. Selim. Une marmite en cuivre est fixée à une pointe enfoncée dans le bois, tandis que juste au-dessus, un petit entonnoir en fer, soigneusement inséré dans un nœud du tronc, fait office de cheminée. Sur les côtés du creux sont suspendus une longue pipe, une blague à tabac, un portefeuille en cuir et quelques autres objets, tous portant des marques de long service ; tandis que pour couronner le tout, mon guide me montre triomphalement, juste devant la porte, une étagère en bois avec plusieurs pots de fleurs – un jardin qui correspond à la maison.

Après nous avoir donné cette vue de sa maison, le vieux monsieur (qui s'est tenu comme une statue pendant toute l'inspection) nous tend silencieusement la main. J'y dépose une double piastre (dix centimes) et je prends congé en pensant que s'il est bon de se contenter de peu, ce vieil ermite est certainement un peu un héros à sa manière.

EN BELGIQUE.

Après avoir roulé et ballotté pendant vingt-quatre heures sur l'océan allemand, la vue de la terre devrait être accueillie avec un esprit de reconnaissance. Mais de toutes les côtes inhospitalières, celles de la côte belge, au mois de novembre, doivent porter la palme. Les eaux, grises et agitées, se précipitent sur une plage de sable sur des kilomètres et des kilomètres, ne montrant aucun signe de vie, si l'on excepte un moulin à vent occasionnel en action. Des rangées de peupliers forment un arrière-plan partiel. Un peu dépouillés de leurs feuilles, ils ont l'apparence d'autant de piliers gris soutenant le ciel.

À mesure que les villes basses avec leurs maisons rouges s'élèvent et que les digues se présentent, si c'est la première introduction en Europe continentale, l'étrangeté ressort avec un relief audacieux. Mais à mesure que l'on remonte la rivière, les villages sont plus intéressants et les indications de vie plus fréquentes. Bien avant d'atteindre l'embarcadère d'Anvers, ses tours saluent les voyageurs, et la gratitude se lit sur chaque visage.

Nos petites fenêtres de la ville susmentionnée donnaient sur son plus joli parc, au centre duquel s'élève la statue de Rubens. À droite, mais bien en vue, se dresse la cathédrale Notre-Dame, célèbre pour ses quatre-vingt-dix-neuf cloches (pourquoi pas une de plus ?) et les chefs-d'œuvre du grand artiste anversois.

Parmi ces peintures, l'Assomption, qui a été restaurée en relativement peu de temps, est vraiment belle, les visages des différents personnages portant une expression pure, ce qui n'est pas une caractéristique du visage de Rubens en général. La renommée des autres est peut-être encore plus grande que celle de « l'Assomption », et partout dans notre pays on trouve des gravures et des photographies de celle-ci, exposées ou dans des collections privées. Avant eux, l'amateur d'art s'attarde à étudier, et les études continuent à s'attarder. Pour moi, hélas ! ces *chefs-d'œuvre* , « La Montée de croix » et « La Descente de croix », n'ont aucun attrait.

La musique des cloches au coucher du soleil récompense non seulement le déferlement de la mer allemande, mais aussi la traversée de l'Atlantique, surtout en automne, lorsque les crépuscules sont si courts que le Mall est plus clair lorsque le soleil se couche. Cette musique contraste singulièrement avec le bruit que font les pas des paysans. Cette classe nombreuse, se dépêchant de rentrer chez elle au crépuscule, prend le parc comme parcours plus court. Le clic-clac des centaines de sabots en bois de toutes tailles et de toutes intensités, qui « s'en sortent » rapidement, est quelque chose qu'on ne peut jamais imaginer. Comme ces vêtements sont rarement bien ajustés au niveau du talon, il y a une introduction particulière à chaque grand pas. La quantité et la qualité de ce bruit sont étonnantes ; la nouveauté, un charme.

Il y a cependant un son qui fait sensiblement défaut parmi la classe inférieure des Belges. Cela n'a peut-être jamais été vécu par d'autres, mais cela ne peut pas être entièrement le fruit de ma propre imagination : la voix humaine dans les groupes de paysans me manquait. Les gens sans instruction des autres pays ont au moins dans une certaine mesure une « langue métisse » commune, mais le vocabulaire individuel de cette classe est certainement très limité, ce qui constitue un frein à une conversation prolongée. Cette caractéristique était pour moi une cause satisfaisante du calme des rues, aussi bondées qu'elles soient parfois, et c'est peut-être la raison pour laquelle la fréquentation est si impressionnante, avec ses encombrements en bois.

À côté de la chaussure, l'attraction était les chiens attelés et les jeunes filles tirant des fardeaux.

Lorsqu'on voyait une femme conduire une charrette ou transporter une brouette, c'était simplement pour conclure qu'elle était dans l'intérêt de son propre gain, et nous pouvions passer à autre chose. Lorsque les chiens, vieux et méprisés de leur espèce, transportaient tranquillement leur chariot de légumes, pourvu que le conducteur soit gentil, c'était plutôt un spectacle étranger que pénible. Souvent ces chiens se couchent dans le harnais, ce dernier n'étant pas très élaboré, et ne semblent pas réticents à se montrer à la hauteur. Lorsqu'il nous arrivait, comme c'était souvent le cas, au cours de notre court séjour en Belgique, de voir des filles, jeunes, brillantes et fortes, porter ces fardeaux, partageant fréquemment le harnais avec les animaux susmentionnés, le cœur américain se rebella. Si c'étaient des filles rudes et hoydenish, s'ébattant toute la journée, remplissant leurs charrettes de sable pour s'amuser et ayant un garçon de compagnie comme conducteur de jeu, nous devrions même alors nous demander : ne vont-elles *jamais* à l'école ?

Mais ils n'étaient pas de cette classe ! Ils étaient calmes et obéissants, généralement d'apparence soignée, acceptant calmement leur sort dans la vie par ignorance. Je n'ai jamais vu un garçon ainsi déshonoré ; non pas que je me sente moins heureux pour « lui », mais plus triste pour « elle ».

Un jour, en marchant, m'étant égaré, j'ai rencontré une de ces équipes. Il y avait là deux jeunes filles, âgées d'une quinzaine d'années, l'une attelée et tirant le chargement, l'autre ayant la charge de la cargaison, qui, à cause de sa trop grande abondance, exigeait une diligence constante. Je leur ai demandé la direction de l'hôtel.

Sans altérer un muscle, ils continuèrent leur regard (nous avions commencé le regard de loin). Ils étaient si apathiques qu'ils ressemblaient à des animaux de compagnie, qui vous regardaient avec confiance, sauf que dans le cas de ces derniers, il y aurait un « clin d'œil de reconnaissance ». Aucune tentative n'a été faite pour répondre. Après que je me sois retourné, ils gardèrent les yeux fixés sur l'espace que j'avais occupé, comme si j'avais simplement été un obstacle à leur soleil. Une personne, non loin d'eux, a répondu à mes questions, ajoutant, avec un clin d'œil aux « petits ouvriers », « ils ne parlent que de métis ».

Cette femme, petite et potelée, m'a rappelé avec force quelqu'un ou quelque chose du passé. Après une brève réflexion, voici la solution :

Avant que les jouets ne soient devenus si élaborés dans notre propre pays, on arrivait parfois de Hollande des images en étain représentant les laitières de cette partie de l'Europe. Ils étaient très différents des pièces d'étain d'aujourd'hui, car ils étaient plus épais et moins destructibles. Celui qui est entré en ma possession, le délice de mon cœur, portait la robe courte et ample et le bonnet de soleil, les bras sur les hanches. Celui-là, ah moi ! cela aurait été mon choix a été acheté par une camarade de classe, elle ayant à ce moment-là, et je présume à ce moment-là, le double de mon montant d'argent. Le prix de ce précieux morceau était de deux cents.

Ce dernier personnage, contrairement au mien, avait le seau posé sur la tête. Il s'agissait probablement d'une image fidèle de la célèbre servante qui comptait les poulets à l'avance, montrant ainsi aux habitants de son pays qu'ils étaient des « calculateurs nés ». Je pense que le petit corps qui m'a montré le chemin de mon logement descendait en ligne directe de cette vieille souche mathématique, et était un peu fier de son origine. Sa langue était un mélange de néerlandais, de français et, autant que je sache, de plusieurs langues mortes, *mais* – et j'ai sa propre autorité à ce sujet – ce n'était pas une langue métisse. Par gratitude envers celui qui m'a conduit chez moi, je devrais parler en bien de cette femme, comme du proverbial pont, donc je suis tout à fait disposé à accepter sa déclaration et à lui permettre un « pur dialecte ».

JOE LE CHIMPANZÉ.

Quand j'étais en Angleterre, j'étais très intéressé par les singes des jardins zoologiques de Regent's Park à Londres. Il y en avait des centaines de toutes sortes et de toutes tailles, depuis le gigantesque orang-outang jusqu'aux minuscules créatures pas plus grosses qu'un gros rat.

Ces singes possédaient une grande maison de verre, chauffée à la vapeur ; et comme une température tropicale était toujours maintenue, de grands palmiers et des vignes luxueuses poussaient si vigoureusement à l'intérieur de ses murs que je n'ai aucun doute que les habitants pittoresques se croyaient dans leur repaire natal.

Ils bavardaient et se grondaient, pourchassaient sauvagement les petits chiens et les chatons errants, et semblaient vraiment en savoir tellement que je croyais à moitié un vieux gardien, qui m'a dit que la seule raison pour laquelle ils ne parlaient pas, c'était parce qu'ils pouvaient se faire suffisamment comprendre. sans.

J'ai entendu beaucoup d'histoires drôles sur leur sagacité. Je me souviens d'une infirmière qui secouait un vilain petit garçon en présence de certaines mères singes, sur quoi tous les vieux singes commençaient à secouer tous les jeunes jusqu'à ce qu'il semble que leurs pauvres petites têtes allaient tomber.

Mais, m'intéressant à tous les habitants singuliers de la maison, je me suis attaché à Joe, le jeune chimpanzé à qui l'on avait amené un bébé des côtes de Guinée l'hiver précédent. Il avait une petite chambre du côté ensoleillé de la maison des singes, avec un poêle, une table, des chaises et quelques lits disposés comme les couchettes dans la cabine d'apparat d'un bateau à vapeur. En outre, il avait un homme tout seul pour le servir ; et il n'était pas étonnant que les autres singes soient jaloux de ses quartiers supérieurs et que la déférence lui soit témoignée ; car même si Joe n'était pas beau, il valait plus d'argent que tous les autres réunis.

Il valait cette grosse somme parce qu'il appartenait à l'espèce de singe la plus intelligente et la plus intéressante de la famille des singes, et que seulement un ou deux de ses parents avaient jamais été vus en Europe, tandis que le seul que la Société Zoologique ait jamais possédé était mort de mort. fièvre pulmonaire avant d'avoir habité ses quartiers confortables plusieurs mois.

Joe était à peu près aussi grand qu'un garçon moyen de huit ou dix ans. Il portait un manège en tissu épais et une casquette plate et basse comme les étudiants d'Oxford en raffolent.

Un jour, je me suis dirigé vers la porte de sa chambre et j'ai frappé. Le gardien m'a dit : « Entrez », et tandis que je le faisais, Joe s'est avancé vers moi, a ôté sa casquette avec sa main gauche et a tendu sa droite pour secouer la mienne.

Quand je lui dis : « C'est une belle matinée », il s'inclina vivement ; mais quand j'ai ajouté : « Est-ce que tu vas plutôt bien, Joe ? il secoua la tête et parut très sobre. Le gardien a expliqué : "Joe avait un rhume, et cela l'a rendu très déprimé."

Joe écoutait attentivement ; et quand l'homme eut fini, il frissonna et remonta le col de sa veste autour de son cou poilu, comme pour confirmer sa déclaration.

Je lui ai donné une pomme, qu'il a regardé un instant, puis j'ai ouvert la porte du four de son poêle et je l'ai mise hors de vue. Semblant comprendre que le feu était faible, il sortit un panier de sous la couchette inférieure et en tira quelques morceaux de bois pour le poêle. Puis le gardien lui tendit une allumette et il alluma un feu aussi intelligemment que n'importe quel garçon Yankee que j'ai jamais vu.

"Montrez à la dame comment vous lisez *le Times* , Joe", a déclaré le gardien.

JOE LIT " *The Times* ".

Joe tira une chaise, l'inclina légèrement en arrière, écarta les jambes, ouvrit le drap, le tourna jusqu'à trouver la page qu'il voulait, puis s'installa dans la position exacte du gentleman anglais confortable qui suppose que *le Times* est imprimé pour son usage exclusif. Il était impossible de s'empêcher de rire, et le scintillement sournois de son œil étroit nous assurait que Joe lui-même savait à quel point c'était drôle.

Une foule considérable s'était rassemblée devant la porte ouverte de sa chambre et, lorsqu'il le remarqua, il mit la main dans sa poche, en sortit l'unique lunettes que l'Anglais affectionnait particulièrement et la porta à son œil, l'air aussi faiblement sage que Lord. Dundreary lui-même. Au bout d'un moment, il se lassa de tant de spectateurs, quitta sa chaise et leur ferma doucement la porte au nez.

Regardant autour de lui comme s'il voulait faire quelque chose de plus pour notre amusement, il se souvint de sa pomme dans le four. En courant, il saisit la porte, mais recula brusquement, car il faisait chaud. Il rit un peu de sa déconvenue, qu'il prit en bonne part, resta un moment à réfléchir, puis utilisa son mouchoir de poche aussi adroitement qu'une délicate dame le ferait pour accomplir son dessein. Mais si la porte était chaude, la pomme, raisonnait logiquement Joe, devait être plus chaude ; il osa donc ne pas y toucher avant d'ouvrir son couteau. En me demandant ce qu'il allait faire, je l'ai trouvé en train d'enfoncer la lame dans la pomme et de la sortir en triomphe. Le gardien lui donna une assiette, et après avoir laissé refroidir un peu la pomme, il nous la proposa. Nous avons poliment refusé, mais le serviteur a goûté, expliquant que Joe n'aimait pas manger seul. Ensuite, Joe a suivi, mais n'a pas aimé le goût, et lorsqu'on lui a demandé si c'était aigre, il a hoché la tête. On nous a dit que, comme les autres singes, il préférait les oranges et les bananes à tout autre fruit.

Joe essaie sa pomme.

Pourtant, il continuait à goûter un peu de pomme à la cuillère tandis que le gardien nous racontait que les marins qui espéraient capturer sa mère n'avaient réussi à le ramener vivant qu'après l'avoir tuée. Ils ont travaillé dur pour le maintenir en vie à bord du navire, mais ils lui ont trouvé un coin chaud près du feu de la cuisine. Il était en assez bonne santé lorsqu'ils débarquèrent, ils obtinrent donc le prix élevé offert par le Jardin Zoologique ; mais malgré les soins les plus dévoués, il semblait languir dans sa nouvelle demeure.

"Est-ce que tu m'aimes, Joe?" avec lequel l'homme a terminé son histoire. Joe hocha la tête, sourit et posa amoureusement sa tête sur l'épaule de l'autre.

Alors que nous partions ce jour-là, Joe a pris son chapeau, sa canne et sa lourde écharpe et nous a escortés jusqu'à la grande porte de la maison des singes, nous serrant la main pendant que nous lui disions au revoir.

Une autre fois, lorsque j'ai appelé, il prenait du thé, utilisait du lait et du sucre et manipulait une tasse et une soucoupe comme s'il les connaissait depuis ses premiers jours. Il nous a fait signe de prendre des chaises. Nous l'avons fait et il s'est levé d'un bond, nous a trouvé des tasses, puis nous a passé une assiette de biscuits en riant de joie pendant que nous en prenions une. J'ai pris le thé avec de nombreux curieux, mais je ne m'attends jamais à être à nouveau honoré au point d'être invité par un chimpanzé.

Remarquant que sa main était fiévreuse, j'ai constaté que son pouls était à 130. J'ai dit : « Qu'est-ce qu'il a ?

"La consommation est ce qui les tue tous", répondit l'homme à voix basse, comme s'il parlait devant un humain invalide.

À partir de ce jour, Joe échoua rapidement et, un matin, sous le titre de « Grande perte », *le Times* annonça qu'il mourut à minuit.

Je descendis aussitôt voir le gardien dont je savais que le chagrin serait vif.

Il m'a raconté que pendant des jours, Joe ne pouvait être persuadé de prendre de la nourriture qu'en le voyant manger et en l'entendant en faire l'éloge, comment il l'avait fait dormir dans sa couchette à ses côtés et, lorsque la mort est arrivée, il lui a tenu la main pendant toute la dernière lutte. .

La voix de l'homme était en fait étouffée par les sanglots lorsqu'il dit : « Cela ne semble pas bien, en fait, ce n'est pas le cas, de ne pas organiser de funérailles pour lui ! Il aurait dû les avoir.

Je n'ai jamais entendu dire que Joe avait eu des funérailles, mais j'ai entendu dire qu'il était empaillé et qu'il ressemblait plus à un grand garçon que lorsqu'il était vivant.

JOUR DE MARCHÉ À PAU.

Si vous ne savez pas où est Pau, faites comme moi lorsque j'en ai entendu parler pour la première fois : cherchez-la sur une grande carte de France.

Plus bas, dans le coin sud-est, à l'embouchure de l'Adour, vous verrez la ville dont on dit que la baïonnette tire son nom ; et si vous déplacez votre doigt d'environ un pouce à l'est de Bayonne, vous le passerez probablement directement sous Pau.

C'est la capitale d'un des plus beaux départements de France, les Basses-Pyrénées ; et son climat doux et équitable et ses paysages charmants en ont fait, depuis trente ans, une station d'hiver préférée des invalides et des amateurs de plaisir.

Capitale de l'ancienne province du Béarn, et siège de l'ancien château royal où prospérèrent les Gastons et Marguerites, et où vécut Henri IV. de France, Pau a de nombreuses associations historiques intéressantes, auxquelles il faut cependant résolument tourner le dos si l'on veut aller au marché ce matin.

Le lundi c'est toujours jour de marché à Pau, et c'est alors que la campagne entre en masse et prend possession de la ville. A cinq heures du matin, le grondement des roues des charrettes et le fracas des sabots dans les rues froides et grises annoncent l'approche d'une armée campagnarde venue des villages alentour. Ils viennent de tous côtés tout au long de la matinée, et si nous sortons n'importe où, par exemple dans les Allées de Morlaäs, où nous pouvons nous asseoir sur l'un des bancs sous les arbres et contempler de temps en temps les lointaines Pyrénées enneigées, nous je verrai le flot incessant des gens du marché.

Les hommes portent des bonnets ronds en laine sans visière, appelés *béret* ; une robe courte, généralement en coton grossier, qui est tellement froncée autour du cou qu'elle n'améliore pas leur silhouette trapue ; et d'énormes sabots de bois qui claquent et cognent sur les trottoirs, entraînant avec eux, les jours de pluie, une quantité incroyable de boue campagnarde.

L'élément le plus remarquable de la tenue vestimentaire des femmes est le foulard brillant qui sert de chapeau ou de bonnet. Il est disposé selon les goûts et l'âge de celui qui le porte et est capable de produire une large gamme d'effets.

Le guide nous assure que les *paysannes* marchent pieds nus sur les chemins de campagne ; mais, en approchant de la ville, ils couvrent leurs pieds fatigués avec les souliers et les bas chéris, ainsi épargnés par l'usure.

Par une froide matinée de printemps, nous avons vu un groupe de femmes descendre une colline de Lourdes avec d'énormes fagots de bois sur la tête. Tandis que nous plaignions les pieds nus qui descendaient péniblement le chemin escarpé, nous aperçûmes soudain leurs chaussures pendantes aux fagots où ils les avaient soigneusement placées, pour être hors de danger.

La force de ces petites paysannes est merveilleuse. Ils marchent à grands pas, portant de lourds fardeaux sur la tête et tricotant parfois en chemin. Beaucoup de jeunes filles sont très jolies ; mais l'exposition et le travail acharné changent bientôt la teinte fraîche et les contours gracieux en un visage brun ridé et une silhouette décharnée et disgracieuse.

Assis ici, nous sommes attirés par une jeune créature enjouée qui trébuche avec un grand panier de salade rond et peu profond, ou *choux de Bruxelles* , sur sa tête, le tenant négligemment d'une main, tandis que de l'autre elle porte une paire de poulets. ou un panier d'œufs. Mais comment voir une femme au regard pincé se traîner sous un gros sac de pommes de terre, ou casser des pierres sur la route, sans se sentir nous-mêmes fatigués et tristes ? Et ni la tristesse ni la lassitude ne s'atténuent en voyant, comme nous le faisons invariablement, que lorsqu'une femme travaille avec un homme, celui-ci lui donne généreusement la partie la plus lourde de la charge.

ATTELAGE DE BŒUFS.

Le bois est amené sur des charrettes encombrantes, généralement à deux roues et souvent couvertes. Les bœufs et les vaches qui tirent ces charrettes ont le corps drapé de grosses couvertures de lin, et sur la tête se trouve une bande de peau de mouton, qui se porte avec le côté hirsute vers l'extérieur et le côté maigre vers l'intérieur. M. Taine nous dit dans son livre sur les Pyrénées qu'il a vu les têtes de bétail protégées par des filets et des fougères, ce qui, j'espère, est leur coiffure habituelle d'été ; car dans un pays où, en hiver, les messieurs portent des ombrelles et portent de grandes banderoles blanches pendantes à leurs chapeaux, pour protéger la tête et la nuque des rayons trop ardents du soleil, même le « bœuf patient » pourrait se plaindre du inaptitude d'une coiffure en peau de mouton.

Le conducteur de l'attelage de bœufs est armé d'un long bâton au bout duquel se trouve un aiguillon de fer. Il l'utilise soit pour guider le bétail, ce qui se fait en allant devant eux et en tendant le bâton vers l'arrière avec un geste bizarre et raide, soit en piquant et en poussant les pauvres créatures jusqu'à ce qu'elles sachent à peine dans quelle direction se tourner. Le bétail, qui est pour la plupart de couleur brun clair, est très gros et très beau ; mais il nous paraît étrange de voir des vaches porter le joug.

Mais, ô! l'âne! Le sage, le dur, le musical, l'irrésistible, l'âne universel ! Comment vous donnerai-je une idée de ce qu'il devient pour un esprit reconnaissant qui a quotidiennement l'occasion d'étudier ses « trucs et ses manières ! »

Imaginez-vous un de ces gentilshommes aux longues oreilles et aux yeux solennels, à peine plus grands qu'un chien de Terre-Neuve de bonne taille qui court avec une double sacoche bombée sur les côtés et une grosse marchande sur le dos.

Mais la disproportion entre la taille de la bête et celle de son fardeau, sa gravité et sa circonspection, n'est guère plus drôle ici que lorsqu'on le place devant une charrette à deux roues, un étage et demi plus haute que lui, et contenant un homme. , une femme, un garçon et un cochon ; parfois des choux et des poulets, souvent deux ou trois veaux inexpérimentés. Et l'après-midi, quand le marché est fini, j'ai souvent vu six ou sept femmes serrées dans un de ces chars primitifs, munies chacune de l'incontournable bas de sa langue et de ses aiguilles à tricoter, cadencées pendant que la charrette avançait en se balançant sur le fameux routes des Basses-Pyrénées. Les mouchoirs gais des femmes, les bas violets, bleus et gris avec leurs aiguilles scintillantes, et les énormes miches de pain brun qui devaient dépasser dans les différents quartiers, rendaient ces groupes revenant du marché les plus pittoresques.

En venant des *Allées de Morlaàs,* nous trouvons, à l'approche de la *Place des Ecoles* , une scène animée. Le large trottoir est bordé de rangées de femmes vendant des légumes, des fruits, des fleurs, de la volaille et des œufs. Les marchandages des acheteurs et les plaisanteries des vendeurs, bien que se déroulant dans *un patois* inintelligible pour nous, sont exprimés par des tons et accompagnés de gestes qui les traduisent assez efficacement ; d'autant qu'il ne se passe pas un jour de marché sans un long récit de notre Catherine, illustrant l'avidité des paysans et sa finesse supérieure.

"Combien veux-tu pour ce poulet ?"

"Trois francs."

"Gardez votre poulet pour que quelqu'un voie. J'irai chez un autre."

"Reste ! Que vas-tu donner en échange ?"

"Deux francs."

"S'entendre bien avec toi!"

Alors que Catherine regarde le poulet qu'elle admire secrètement et maltraite ouvertement, une autre cuisinière arrive et pose la main sur sa jolie poitrine. C'est un moment décisif, mais Catherine est à la hauteur de l'urgence.

« Restez là ! Je suis là en premier.

Alors, avec la secrète résolution que ses *demoiselles* dîneront de ce petit *poulet dodu*, elle offre cinquante sous et emporte le prix. La voir entrer dans notre *salon* portant un garçon sur lequel sont posées une douzaine de belles pommes roses et deux grosses poires rousses, avec la question : « Devinez combien j'ai payé le tout ? écrit dans chaque ligne de son vieux visage astucieux, vaut la peine de venir en Europe. Faire une bonne affaire, préparer un bon dîner et ne jamais rien gaspiller, tels sont les objectifs de sa vie et les thèmes de son discours.

Notre *appartement douillet* se trouve face à la *place des Ecoles*, où sont vendus le bois et le bétail ; et le premier coup d'oeil du matin nous donne un tableau assez vivant et assez étranger pour nous faire regarder et revoir plusieurs fois pendant la journée, jusqu'à tard dans l'après-midi, lorsque la *place* est presque nue ; et l'aspect des quelques paysans patients, mais à l'air plutôt abattus, dont le bois n'a pas encore trouvé d'acheteurs, nous donne presque envie de courir et d'en acheter une ou deux cargaisons, rien que pour le plaisir de renvoyer ces pauvres créatures chez elles avec le cœur plus léger et les poches plus lourdes. Que dirait Catherine à cela, je me demande ?

Outre l'intérêt que nous éprouvons pour les divers supports naturels des charrettes à bois (et chacun en a de deux à cinq des deux sexes et de toutes tailles), nous ne sommes pas peu amusés par leurs clients, qui représentent toutes sortes de citadins. , depuis la grosse vieille femme de l'épicerie verte et du magasin de saucisses d'en face, qui colporte avec une affabilité facile parmi les gens du marché, jusqu'au jeune Anglais seigneurial qui se précipite sur la *place* avec l'air d'un héros conquérant et hautain indique avec sa cravache le chargement qui a l'honneur de rencontrer son approbation.

"LA FAÇON PRÉFÉRÉE DE TRANSPORTER UN COCHON."

Des troupes de veaux fringants sont dispersées et des groupes de blouses bleues et *de bérets rouges* discutent avec sérieux des mérites d'innocents sans méfiance. Plus rarement, une belle vache ou une paire de bœufs attirent un cercle de connaisseurs ; alors le *patois* devient plus fluide, et les gestes plus animés, et on voit les poings des intéressés fleurir désagréablement près du nez dédaigneux des critiques.

Le cri prolongé et pénétrant de ce cochon de la *rue des Cultivateurs* me rappelle que cet intéressant animal figure largement dans les scènes des jours de marché. Le porc étant un article important de l'alimentation paysanne, M. Piggy est toujours à l'extérieur le lundi et contribue largement à l'éclat général.

La façon préférée de transporter un porc de taille moyenne est de le mettre autour du cou, en tenant ses pattes postérieures d'une main et ses pattes antérieures de l'autre. Cette méthode, bien que accompagnée de quelques inconvénients, comme la proximité du cri avec l'oreille du porteur, est, dans l'ensemble, moins inquiétante que celle consistant à attacher une ficelle à l'une des pattes postérieures de son porc, ce qui lui donne une chance de se frayer un chemin avec plus ou moins d'effet, tandis que le paysan se précipite frénétiquement dans la direction opposée.

Il n'est pas rare qu'un cochon soit ramené du marché à son domicile dans la charrette de son nouveau propriétaire. Alors, fidèle à sa nature et à ses principes, il résiste de toute la force de ses jambes et de ses poumons à l'honneur qui lui est accordé ; de sorte qu'avec un homme à ses pattes arrière, une femme à son oreille gauche et un garçon à sa patte avant droite, il est difficilement aidé à son carrosse et y est retenu, en route, par cette « vigilance éternelle » qui est, à plus d'un titre, « le prix de la liberté ».

"Une fileuse aux cheveux gris avec sa vieille quenouille."

Rue Porte Neuve et à proximité de la Halle *Neuve* , au centre de la ville, les vendeurs de matériel agricole, quincaillerie de cuisine, serrures et clés, livres d'occasion, mouchoirs, cols, manchettes, chapeaux, bracelets, bagues, paniers, des balais, des bouteilles, des pièges à souris et d'autres articles divers étalent leurs marchandises, et une averse soudaine rend le travail difficile dans cette communauté occupée.

Près de la *Halle Neuve* se trouve aussi le marché aux fruits et légumes, et plus loin, dans la *rue de la Préfecture* , on tombe tout à coup sur une place creuse fermée sur trois côtés par des bâtiments d'aspect ancien, dont l'un est la *Halle Nieille* ; et voici du poisson, de la volaille et du gibier, et les marchands du marché les plus étranges de toute la ville, me semble-t-il.

Il y a un marché aux fleurs sur la *place Royale* , et vous y verrez les Espagnoles, avec leurs foulards et leurs bibelots, aller chercher quelques sous chez les rustiques.

Nous ne pouvons cependant pas limiter notre intérêt aux gens du marché, car tout le monde est plus ou moins pittoresque dans ce pays étrange, et nous ne nous lassons jamais de dire : « Voyez ici » et « Voyez là ». Parfois, c'est une fileuse aux cheveux gris avec sa vieille quenouille qui attire notre attention, lorsqu'elle est assise devant une porte ensoleillée ou qu'elle chancelle le long du trottoir ; et puis il y a les pitreries de ces enfants étrangers ! Les garçons béarnais aiment autant se tenir sur la tête que leurs frères américains, mais leurs gros et lourds *sabots* sont un grand inconvénient.

Il suffit de voir ces sabots de bois disposés là-bas sur le trottoir, tandis que leurs propriétaires arborent avec style leurs talons émancipés.

Voilà quelques-unes des curiosités d'un jour de marché à Pau ; mais comment peut-on avoir une idée des sons ? Car lorsqu'on ajoute au brouhaha des jours de marché les divers cris des rues du quotidien qui s'y mêlent, on obtient un étrange orchestre.

AUTANT FRIANDS DE SE TENIR SUR LA TÊTE QUE LEURS FRÈRES AMÉRICAINS. "

Il y a les charbonniers, qui commencent sur un ton aigu et descendent avec un intervalle presque impossible jusqu'à une note prolongée, nasale et tintante ; les vieux clo'men, dont *le patois* pour chiffons sonne si exactement comme le nom de ma compagne qu'elle est sûre qu'ils en veulent aux robes qu'elle porte économiquement à Pau ; les ramoneurs ; les femmes *jonchées* , qui vendent du fromage à la crème, roulé dans ce qui ressemble à des fanes d'oignons ; les femmes aux châtaignes rôties, dont les « Tookow ! (*patois* pour " *Tout chaud* ") suggère des châtaignes bien chaudes dans des coquilles éclatées ; et les vendeurs de vaisselle et de terre, qui poussent leurs marchandises devant eux dans de longs chariots peu profonds, et donnent, dans un récitatif soutenu, tout le catalogue du delf et de la poterie.

L'après-midi, lorsque le bruit et l'agitation s'apaisent, nous entendons quelques notes, souvent répétées, de ce que j'appellerais une flûte de berger ; seulement l'instrument en question n'en ressemble pas du tout, mais ressemble plutôt à ces petits jouets musicaux percés d'une rangée de trous sur un côté, sur lesquels nos enfants à la maison aiment tant jouer. Cependant, notre berger parvient à produire un effet pastoral avec son chant simple, et nous favorisons l'illusion de la pipe en l'écoutant seulement, tandis que nous regardons ses jolies chèvres aux longs poils noirs et soyeux. Il les conduit à travers la ville deux fois par jour, et au son de son appel, ceux qui désirent du lait de chèvre envoient leurs verres et le font réchauffer auprès d'une chèvre traite à la porte. Alors que ses dernières notes faibles s'éteignent au loin, la lumière rose s'efface des sommets des Pyrénées ; le soleil s'est couché et le marché est terminé.

LE SANTISSIMO BAMBINO.

Sur la colline du Capitole, à Rome, se dresse une église vieille de douze cents ans, appelée Ara Coeli. Son apparence extérieure est peu prometteuse, mais son intérieur est riche en marbres et en mosaïques.

Cependant, le bien le plus précieux de cette ancienne église est une poupée en bois appelée Il Santissimo Bambino – Le Très Saint Enfant. Il est habillé comme un bébé italien, et un bébé italien est habillé comme une maman. Nous les voyons souvent dans les bras de leur mère, tellement enveloppés qu'ils ne peuvent pas plus bouger qu'un paquet sans bébé à l'intérieur. Leurs petites jambes doivent avoir mal à la recherche de la liberté de donner des coups de pied. Après tout , le vêtement du *Bambino* est très différent de celui d' *un* bambino, car il est en tissu d'argent, et il scintille partout des bijoux qui lui ont été présentés, et il porte une couronne d'or sur la tête.

C'est l'histoire de cette poupée remarquable, comme le croient les fervents catholiques romains. Vous devez juger par vous-mêmes dans quelle mesure cela relève de la vérité et dans quelle mesure cela relève de la fable.

On dit que cette image du Sauveur enfant a été sculptée dans du bois d'olivier qui poussait sur le Mont des Oliviers, par un moine qui vivait en Palestine ; et, comme il n'avait aucun moyen de le peindre avec suffisamment de beauté, ses prières persuadèrent saint Luc de descendre du ciel et de le colorer pour lui. Puis il l'envoya à Rome pour être présent à la fête de Noël. Il fit naufrage en chemin, mais parvint finalement à terre sain et sauf et fut reçu avec une grande révérence par les moines franciscains, qui le placèrent dans un sanctuaire à Ara Coeli. On découvrit bientôt qu'il avait un pouvoir miraculeux pour guérir les malades, et on l'envoyait si souvent pour leur rendre visite qu'à une certaine époque, il recevait plus d'honoraires que n'importe quel médecin de Rome. Il a sa propre voiture dans laquelle il voyage à l'étranger, et ses propres domestiques qui le gardent avec le plus grand soin.

Une femme était si égoïste qu'elle pensait que ce serait une chose capitale si elle pouvait posséder cette image miraculeuse pour elle-même et ses amis.

LE BAMBINO.

" Elle fit préparer une autre poupée de la même taille et de la même apparence que le " Santissimo ", et après avoir feint d'être malade et obtenu la permission de la laisser avec elle, elle revêtit la fausse image avec ses vêtements et la renvoya à Ara Coeli. La fraude ne fut découverte que la nuit, lorsque les moines franciscains furent réveillés par le tintement des cloches le plus furieux et par des coups de tonnerre à la porte ouest de l'église, et, s'y précipitant, ne purent voir qu'un petit pied nu et rose qui regardait à l'intérieur. de dessous la porte, mais quand ils ouvrirent la porte, se tenait dehors la petite silhouette nue du vrai Bambino d'Ara Coeli, frissonnant sous le vent et la pluie. Ainsi, le faux bébé fut renvoyé en disgrâce, et le vrai bébé fut rendu à son siège. à la maison, à ne plus jamais confier seul."

Cette merveilleuse évasion est dûment enregistrée dans la sacristie de l'église où le Bambino demeure en sécurité sous clé toute l'année, sauf de Noël à l'Épiphanie, où il sort pour recevoir les hommages du peuple.

Nous sommes allés le voir à Noël dernier.

Comme je vous l'ai dit, l'église se dresse sur l'une des sept collines de la Ville éternelle ; on y accède par un escalier de pierre aussi large que le bâtiment lui-même et aussi haut que la colline. Il y avait beaucoup de mendiants sur ces marches ; certains vieux et aveugles, d'autres jeunes et aux yeux brillants. À côté des mendiants, il y avait des gens avec de petites images du bébé dans la crèche, des moutons en peluche et des photos du Bambino à vendre.

En entrant dans l'église, nous trouvâmes une des chapelles disposées en tableau. Les chapelles ressemblent à de grandes alcôves situées le long des côtés d'une église. Chacune est consacrée à un saint et appartient souvent à une famille particulière qui y célèbre ses mariages et ses funérailles.

C'est dans la deuxième chapelle à gauche que l'on retrouve la scène représentée. La Vierge Marie était vêtue d'une soie bleu vif, ornée de divers bijoux. Sur ses genoux gisait le Bambino, de la taille d'un bébé de six semaines. Je ne crois pas que Saint Luc ait peint son visage, car il n'était pas à moitié aussi bien fait que la plupart des poupées en bois que nous voyons. Une mule artificielle avait le nez près de la tête du bébé. Joseph était assis à côté, et devant les bergers étaient agenouillés. Tous ces gens étaient grandeur nature, faits de bois et vêtus de vrais vêtements. Au-delà d'eux, on voyait un joli paysage : des moutons recouverts de vraie laine, une fille avec une cruche sur la tête descendant un chemin vers une fontaine de *verre étincelante* . Au loin se trouvait la ville de Bethléem. Dans les airs planait un ange, suspendu au plafond par un fil dans le dos. Sur des paravents en carton, au-dessus de la Vierge et de l'Enfant étaient peints une foule de chérubins regardant vers le bas, et au milieu d'eux Dieu le Père, que personne n'a vu ni ne peut voir, était représenté sous la forme d'un homme vénérable, écartant les mains en signe de bénédiction. sur le groupe ci-dessous.

L'ÉQUIPAGE DU BAMBINO.

Un grand nombre de petits enfants venaient avec les plus grands voir tout cela et parlaient, dans leur jolie langue italienne, du « Bambino ».

L'Épiphanie, comme vous le savez peut-être, est le jour gardé en mémoire de la visite des Rois Mages où l'Étoile de l'Est les a guidés jusqu'au berceau de notre Sauveur. Ce jour-là, Il Santissimo Bambino devait être ramené en toute cérémonie à la sacristie ; alors nous sommes allés voir ça.

Nous étions heureux de constater que la Sainte Vierge avait deux jolies robes en soie ; elle était passée du bleu au rouge et le Bambino était debout sur ses genoux. Les bergers étaient partis et les mages étaient venus, tous très somptueux en brocart fleuri et drap d'or, avec des couronnes sur la tête et des pages pour tenir leurs traînes.

Il restait encore une heure ou deux avant que la « Procession du Bambino » commence ; nous sommes donc sortis par la porte latérale de l'église pour nous promener pendant ce temps sur la colline du Capitole.

Nous avons descendu les marches où Tibériade Gracchus, l'ami du peuple, fut tué, il y a environ deux mille ans. Cela nous a amenés sur une petite place appelée Piazza di Campidoglio. Il est entouré sur trois côtés de bâtiments publics et devant un grand escalier menant à la rue. C'est à cet endroit même que Brutus prononça son célèbre discours après l'assassinat de Jules César. Nous avons traversé la place, monté quelques marches et traversé une arcade.

Une compagnie de petits Romains y jouait au soldat, et le petit tambour-major faisait résonner les murs du Capitole de sa musique crépitante. Cela me rappelle de vous dire que le Père Noël ne visite pas l'Italie ; mais une vieille femme, nommée Navona, vient à sa place. Elle est peut-être sa femme, pour autant que je sache ; en fait, cela semble très probable, car elle a une façon, tout comme la sienne, de descendre par la cheminée, apportant des cadeaux aux enfants sages et des interrupteurs aux méchants. Ce devaient être de très bons petits garçons, car chacun d'eux semblait avoir une nouvelle épée ou un nouveau fusil. Navona doit probablement garder la maison pendant que le Père Noël est absent pour ses affaires de Noël, et c'est la raison pour laquelle elle ne rejoint son petit peuple ici que la veille de l'Epiphanie, le 6 janvier.

Nous descendîmes une ruelle de maisons pauvres, évitant les vêtements qui séchaient au-dessus de nos têtes, et arrivâmes à un grand portail vert percé dans le haut mur de pierre d'un jardin. Nous avons frappé, mais personne n'a répondu. Tout à coup, un petit garçon aux yeux noirs accourut vers nous, content de gagner deux ou trois sous en allant appeler le *custode* . En attendant qu'il le fasse, je dois vous dire pourquoi nous avons souhaité franchir cette porte verte. Vous avez lu, soit en latin, soit en anglais, l'histoire de Tarpæia, la jeune fille romaine, qui consentit à montrer aux soldats latins le chemin de la citadelle s'ils lui donnaient ce qu'ils portaient au bras gauche, c'est-à-dire leurs bracelets, et ensuite la sombre plaisanterie qu'ils ont jouée après qu'elle eut fait sa part, en lui jetant leurs boucliers, qui étaient aussi « ce qu'ils portaient sur leur bras gauche ».

C'était pour voir le rocher tarpéien, où elle conduisait les ennemis de sa patrie, et où plus tard furent précipités les traîtres, que nous voulions franchir la porte. Bientôt arriva le gardien, une jeune femme rose, conduisant une petite fille qui se sentait très riche sur un chariot neuf qu'elle pendait à son bras.

Nous fûmes admis dans un petit jardin où de jolies roses roses étaient en fleurs et où les oranges pendaient aux arbres, bien que les glaçons bordaient la fontaine non loin de là. Au bord du jardin, au bord de la falaise, court un épais mur de pierre brune ; nous nous penchâmes dessus et contemplâmes le rocher escarpé que les assaillants les uns après les autres essayaient autrefois d'escalader.

C'est de ce côté que les Gaulois tentaient d'atteindre la citadelle au moment où les oies sauvèrent la ville. Savez-vous que pendant longtemps, chaque année, un chien était crucifié au Capitole et une oie portée en triomphe, car, à cette occasion, les chiens n'avaient pas donné l'alarme et les oies l'avaient fait !

Nous regardions les toits et les cours des maisons pauvres qui se sont serrées au pied de la colline, mais au-delà, nous pouvions regarder le Forum, où Virginie fut poignardée, où Horace accrocha le butin des Curiaces, où fut brûlé le corps de Jules César, où la tête de Cicéron fut cruellement exposée sur la tribune même où l'on avait souvent vu le triomphe de son éloquence. En face de nous se dressait le mont Palatin, un amas de palais en ruine ; un peu plus loin s'élevait la puissante muraille du Colisée, où combattaient les gladiateurs et où tant de martyrs chrétiens étaient jetés aux bêtes sauvages, sous les yeux de dizaines de milliers de leurs semblables, plus cruels que les lions, car sport.

Aux pieds du Capitole, tout près, quoique hors de vue, se trouvait la prison Mamertine, où saint Paul, dont le monde n'était pas digne, était autrefois enfermé dans l'obscurité lugubre du cachot.

FAMILLE DE Mendiants Romains.

En revenant du jardin à la Piazza di Campidoglio, nous avons vu quelque
chose d'inhabituel se passer dans le palais à gauche de la capitale. À la porte
se tenait un garde vêtu d'un ensemble resplendissant de dentelles pourpres
et dorées. En regardant par l'entrée voûtée, on apercevait dans la cour
intérieure une voiture découverte avec conducteur et valet de pied en livrée
écarlate vif. Une sorte de foule se rassemblait dans les couloirs. Nous nous
sommes arrêtés pour savoir de quoi il s'agissait. Une Italienne a répondu :
"La Principessa Margarita !" et une dame anglaise à proximité expliqua que
la princesse Margaret, épouse du prince héritier, était venue distribuer des
prix aux enfants des écoles publiques. Seuls les invités pouvaient être
présents, mais les gens attendaient de la voir descendre. Nous avons donc
rejoint les gens et avons attendu aussi.

C'était long et plutôt froid. Une fanfare dans la cour nous égayait de temps
en temps. La belle envergure de la princesse parut d'abord plutôt excitée par

les trompettes si proches de leurs oreilles, mais elles tinrent courageusement position. Si l'un des valets écarlates resserrait une boucle, cela nous faisait espérer que sa maîtresse viendrait ; l'autre lui mit un nouveau cigare à la bouche, et ils coulèrent.

Pendant ce temps, le garde en habit cramoisi galonné d'or et en bas de soie jaune faisait les cent pas. Enfin, il y eut un messager d'en haut ; la voiture royale passait sous l'arche près de nous. Il y eut un bruissement, et descendit la princière dame, vêtue de velours violet, avec des plumes mauves dans son chapeau, un voile blanc tiré sur son visage et un gros bouquet dans sa main gantée de blanc, assez jolie et très gracieuse. Avant de monter dans sa voiture, elle se retourna pour serrer la main des dames et messieurs qui l'accompagnaient. Elle était très complaisante, s'inclinant profondément devant eux, et ils s'inclinent encore devant elle. Puis elle s'est gracieusement inclinée devant la foule à droite et à gauche, et ils ont répondu avec gratitude. Elle leur souriait haut et bas, mais il y avait sur son visage, lorsqu'il passait près de moi, une expression comme si elle était fatiguée de sourire au public. Elle s'assit dans la voiture ; la dame d'honneur prit place à côté d'elle, le monsieur d'honneur jeta sur eux la robe de carrosse d'hermine blanche doublée de velours bleu clair et entra lui-même.

Puis l'équipage démarra, les fantassins écarlates se levant derrière au moment où il démarrait. Cette princesse est très bonne et gentille, très aimée du peuple, et comme il n'y a pas de reine, elle est la première dame du royaume. Son mari d'abord, puis son petit-fils sont les héritiers de la couronne.

Ce spectacle terminé, nous nous hâtâmes de retourner à l'église, craignant d'avoir raté le Bambino dans notre poursuite de la princesse. Mais nous étions dans les temps. Du côté de l'église opposé au tableau se trouvait une petite plate-forme temporaire. Des petits garçons et des filles étaient placés dessus, l'un après l'autre, pour prononcer de courts morceaux ou réciter des vers sur l'Enfant Christ. C'était une sorte de concert d'école du dimanche en italien. La langue est très douce dans la bouche d'un enfant. Il y avait dans l'église un grand nombre d'enfants brillants, aux yeux noirs, et la plupart d'entre eux semblaient avoir apporté avec eux leurs cadeaux de Noël, comme pour les montrer au Bambino.

Il y avait dans la foule des hommes en haillons, des moines et des campagnardes avec des mouchoirs noués sur la tête en guise de bonnets. L'une d'elles qui se tenait près de moi avait l'index couvert de bagues jusqu'à la dernière articulation. C'est leur grande ambition en matière de tenue vestimentaire.

Enfin l'orgue cessa de jouer et les notes d'une fanfare militaire se firent entendre. Puis nous avons vu une banderole se déplacer lentement dans l'une des allées, suivie d'une suite de cierges allumés. Au-dessus des têtes des gens, nous ne voyions que la bannière et les lumières ; ils descendirent et s'arrêtèrent pour prendre le Bambino. Puis ils ont marché lentement tout autour de l'église, les gens tombant à genoux au passage.

Ils sortirent par la porte d'entrée et cette image sacrée fut élevée en l'air, afin que tous les gens présents dans le grand escalier et sur la place en contrebas puissent la voir et être bénis. Puis ils arrivèrent au milieu de l'église, jusqu'au maître-autel. C'était notre chance de les voir parfaitement.

D'abord, la bannière avec l'image de la Vierge était portée par un jeune prêtre vêtu d'une longue robe noire et d'une robe courte blanche bordée de dentelle ; Vint ensuite une longue procession d'hommes en tenue ordinaire, portant de longues et grandes bougies de cire, dont ils avaient la désagréable habitude de faire couler en marchant.

"Serviteurs des grandes maisons", remarqua une dame derrière moi.

"Ils venaient eux-mêmes", répondit un autre.

Viennent ensuite les moines franciscains dans leurs chapes brunes, chacun avec une corde nouée en guise de ceinture, et des sandales uniquement aux pieds nus. Après eux venait la bande de musiciens, tous des petits garçons ; et maintenant il s'approcha, d'un pas mesuré, de trois prêtres vêtus de riches robes de brocart blanc enrichies d'argent. Celui du milieu, un grand homme d'aspect vénérable, aux cheveux chenus et au visage solennel, tenait droit dans ses mains le chariot sacré. Au passage, les croyants se sont mis à genoux. Lorsqu'il atteignit le maître-autel, il baisa ses pieds avec révérence et le remit à son gardien pour qu'il le porte à la sacristie !